生活文化史選書

木と水のいきものがたり

語り継がれる生命の神秘

狩野敏次　著

はしがき

子供のころ親から叱られたときなど、「お前はうちの子ではない、川から流れてきたのを拾ってやったのだぞ」「橋の下から拾ってきたのだぞ」と言われてショックを受けた経験をもつ人は少なくないだろう。言われた子供はよく覚えているのに、親の方はいっこうに覚えていないことが多く、親にしてみれば、ほとんど無意識に口をついて出た言葉らしい。これは親から子へと代々受け継がれてきた伝承というよりも、日本人の心の奥底に刻み込まれた口碑といった方が適切かもしれない。だから子供が駄々をこねて親を困らせたり、親のいうことをきかなかったりしたときなど、不意に口をついて出てくるのだろう。言った本人にはほとんど自覚がないという意味では、集合的無意識として日本の伝承文化の底流を形成しているといえる。

ひるがえってみれば、赤子が川を流れてくるなどありえない話で、たんなる迷信だと一蹴されそうである。実は川から流れてくるのは赤子自身ではなく、その魂であって、それがいつのころからか、川から赤子が流れてくると言い伝えられてきたらしい。あるいは、赤子は魂そのものと考えられていたのかもしれない。生まれたばかりの赤子は魂が不安定で、体内を出たり入ったりしている。魂は生命をつかさどるものであり、魂が不安定な状態は生命の危機でもある。赤子にとって魂は文字通り生命そのものであり、これは赤子と魂を同じとみなす根拠になるだろう。だから川から赤子が流れてくるのも、魂が流れてくるのも結局は同じことである。

古い生命観によると、人間は魂と肉体からなると考えられた。魂が中身で、肉体は魂を入れる容器である。いまも言ったように、魂は生命をつかさどるものであり、人が生きているのは魂が肉体に宿っているあいだだけで、魂が肉体から遊離し、永遠に戻らない状態が死である。人が死ぬと、魂は肉体から離脱し、あの世へ旅立つ。あの世に帰還した魂はそこで清められ、ふたたびこの世に戻り新しい肉体に宿って再生する。これが人の誕生である。肉体は滅ぶけれども、魂は不滅である。魂を中心に考えれば、赤子の誕生は魂のこの世での再生であり、魂はこの世とあの世を往還しながら死と再生を繰り返しているのである。

赤子がこの世に生まれるとき、その魂を運んでくるのが水で、とくに川は魂の通い路と信じられていた。そもそも魂と水はすこぶる相性がいいのである。川から赤子が流れてくるという俗信の背景を考えるうえでも、魂と水との関係は重要である。

北ヨーロッパには「赤子はコウノトリが運んでくる」という有名な言い伝えがある。「赤子は川を流れてくる」という日本の俗信とは一見、関係がなさそうに思われるかもしれないが、コウノトリが運んでくるのはやはり赤子自身ではなくその魂であり、しかも魂は沼、池、泉、井戸などを棲息地にしている。魂と水が親和関係にあるのは日本と同じである。そしてコウノトリは水のなかから魂をすくい上げて、母親のもとに送り届けるのである。これが「赤子はコウノトリが運んでくる」という言い伝えの真相らしい。もっとも、この言い伝えには古い民間信仰や神話の断片が紛れ込んでいて、一筋縄ではいかない。

ともかく赤子の魂を媒介するのは水であり、日本では魂は川を通い路にしてあの世からやってくると信じられていた。川といえば、「桃太郎」の昔話でも川が重要な話の舞台に設定されている。お婆さんが川へ洗濯に行くと、川上から桃が流れてくる。お婆さんは桃を拾い上げて家に持ち帰り、戸棚にしまっておく。何日かして戸棚を開けてみると、桃が割れて、なかから桃太郎が生まれていた。

桃の中に入っていたのは、実は桃太郎自身ではなく、その魂とみるべきで、この場合の桃は一種の容器である。桃という容器の中に桃太郎の魂がこもった状態で川を流れ下ってくるのである。ここでも赤子の魂は川を通い路にしてやってくるという俗信と同じ構図がみられる。昔話「桃太郎」の冒頭の話は、この俗信が物語というかたちに結晶化したものだといえよう。

また、「桃太郎」の昔話にはかならずお婆さんが登場するのも何か理由があるのだろう。お婆さんは川へ洗濯に行く。お婆さんと洗濯の取り合わせも、この昔話のお決まりのパターンである。洗濯といえば、衣服の汚れを洗い落とすいわゆるクリーニングのことだと私たちは考えがちである。しかし洗濯にはケガレを祓い浄化するという象徴的な意味もある。洗濯とは別の次元へ転換させる呪的な行為のことで、赤子を産湯につかわせることも一種の洗濯である。赤子を「洗う」とか「洗濯する」という言い方も地方には残っている。赤子の誕生は新生というよりも再生であり、赤子は産湯をつかうことで、あの世からこの世に再生するのである。実際に産湯をつかわせるのは産婆であり、産婆はこの世とあの世を仲介する呪力をもつ女性と考えられていたふしがある。そう思って、あらためて「桃太郎」のお婆さんに着目してみると、彼女にはお産を助ける産婆としての面影も感じられる。お婆さんが水中から桃を拾い上げるしぐさは、産婆が赤子を産湯から取り上げるしぐさに似ていないだろうか。

つい筆がすべって「桃太郎」の昔話に深入りしすぎたようである。むろん本書が取り上げるのはこの昔話だけではない。また魂を媒介するのも水だけとはかぎらず、樹木も水と同様に魂を媒介するものと信じられていた。樹木と人間のかかわりも、水に劣らず古いのである。樹木は地上と地下の接点にあることから境界とみなされた。赤子の魂は大地の底から樹木の根をつたってやってくるとも考えられた。その背景にあるのは地母神信仰であり、母なる大地から魂は樹木を媒介にしてこの世にやってくるのである。

魂のほかに夢もまた樹木を回路にして大地から送られてくると信じられたようである。たとえば鎌倉時代の名僧、明恵上人は夢を重視したことでも知られる。明恵はその生涯の多くを京都の高山寺で修行したが、寺の裏山にある松の根元で坐禅するのを日課とした。夢は大地の底から送られてくるメッセージであり、明恵が松の木の根元に坐して瞑想しているのは暗示的である。明恵は松の根元を回路にして大地から送られてくるメッセージを受け取っていたのではないかと思われる。夢の通い路としての樹木にも注目したい。

本書の構成を簡単に説明すると、全体を六章に分け、前半の三章は「樹木」にあて、後半の三章は「水」にあてた。魂は樹木や水を媒介にしてこの世にやってくるというのが本書のテーマである。文中では神話や説話、それに昔話や伝説に言及することも多く、これらをテキストにして読み解く作業は楽しくもあり、また知的興奮をおぼえる。その知的興奮を読者と共有することができれば幸いである。

目次

第一章　樹木と境界

木の股から生まれた話

医学知識が乏しかった時代には、赤子は母胎のなかで卵子と精子が受精し、成長するのではなく、外部から女性の胎内に入り込むものと考えられていた。胎内に入り込むのは目に見えないものであり、それをひとことで言えば魂といってもいい。たとえば岐阜県では妊娠二カ月目ぐらいになると、「子供が腹へ来ましたそうな…」などとあいさつをするそうである（大藤ゆき『児やらい』、二〇頁）。これなども赤子は外部からやってきて、母胎のなかに入り込むという古い俗信の名残といえるだろう。戦後間もなく出版された桂井和雄氏の『土佐民俗記』には「お前の生れて来た処」という論考が収められている。これは表題が示すように、赤子の出生に関する俗信の聞き取り調査である。それによると、「川から拾ってきた」「橋の下から拾ってきた」という一般的な俗信とならんで、一風変わったところでは、「木の股から生まれた」という事例も報告されている。香川県高松市、愛媛県松山市、高知県幡多郡大方町、宮崎県東臼杵郡門川町、長崎県西彼杵郡七釜村、熊本県天草郡牛深町、鹿児島県肝属郡串良町、沖縄県首里市汀良町などにみられ、調査範囲がかぎられているとはいえ、四国から九州、沖縄にまで及んでいる（一〇六－九頁）。

木の股は幹が二つに分かれたところをいい、とくに幹が途中で二股に分かれたY字形の木は「二股の木」などと呼ばれる。あるいは逆に根から二本の幹が出て、それが途中で一本の幹に合体した木をさして言う場合もある。こちらは逆Y字形である。いずれにしても二股の木は際立った特徴をもっていることから、特別な木として神聖視され、山の神の宿り木、休み場などといって伐採するのを忌む風習がある。和田萃氏は、「用明天皇の磐余池辺雙槻《なみつき》宮や斉明二年に造営された両槻《ふたつき》(二槻)宮の称号も、二股になった槻(ケヤキ)の巨樹を神聖視したことに由来する」と述べている(『日本古代の儀礼と祭祀・信仰』下、二六二頁)。二股の木が山の神の宿り木とされるのも、二股の木にあやかって称号をつけるのも動機は同じで、二股の木が特殊な木、神聖な木とされていたからにほかならない。

二股に木についてもうひとつ見逃がせないのは、その形状が女性のシンボルをあらわしていることで、「木の股から生まれた」という俗信が語り継がれる根拠もまさにそこにあるといっていい。あとでもふれるように、木の幹が母胎で、二股に分かれた部分がその入り口ということになる。「木の股から生まれた」という口碑は武内徹氏の最近の研究でも報告されている。この口碑は「川から流れてきた」「橋の下から拾ってきた」などとならんで日本の各地に古くからあったようで、藤沢周平の短編小説「意気地なし」のなかでも使われているという(『お前はうちの子ではない橋の下から拾って来た子だ』、五四頁)。その一節を武内氏の著書から引用させていただくことにしよう。

「身よりが誰もいねってんだから、奴さんが弱るのも無理はねえわな」
「でも誰もいないってのは、おかしかないのかい、木の股から生まれたわけじゃあるまいしさ」と母親のお勝が言っている。

これは夫婦の会話である。娘のおてつが布団のなかで聞くともなしに聞いている。藤沢周平は山形県鶴岡市出身の作家である。夫婦の会話のなかに「木の股から生まれた」という言葉がさりげなく紛れ込むように挿入されている。これは作者が幼いころから耳にしていたことを思わせるもので、この地方ではごくありふれた口碑なのだろう。山形県に隣接する秋田県の米内沢でも、子供は「拾いっ子」として育てると言い、「山の奥の木のマッカ(股)に引っ掛かっていた」のを拾ってきたなどと言うそうである。これは千葉徳爾氏と大津忠男氏の共著『間引きと水子』のなかで報告されている（二三九頁）。マッカは木などの二股になったものをいい、秋田のほか青森、岩手、宮城などの方言である。木のマッカのほかに「マッカ大根」（二股大根）などともいう（『日本方言大辞典』下巻、二二六七頁）。木のマッカに引っ掛かっていたのも、木の股から生まれたのも、表現が違うだけで意味は同じである。

ちなみに二股大根も女性のシンボルをあらわしている。とくに二股の部分に呪力があることから神聖視され、民俗儀礼では神への供物として祭りなどによく供えられる。樹木や大根だけでなく、木の根も股の部分に呪力があり、二股の根を割ると白犬が生まれるという「隣の爺型」の昔話が山形県最上郡で採集されている（『日本昔話大成』四、一六一頁）。白犬は鹿をたくさん獲る聖犬で、神からの授かりものであった。木の股から生まれるのも尋常な出産ではなく、やはり神から授かった子という意味合いがあったらしい。

二股の木：母胎とその入り口を思わせる。

女性の元型的なイメージ

山形県最上郡最上町には、山の神に祈願して木の股から子を授かる昔話が伝わっている。昔々、爺様と婆様がいた。爺様は毎日山へ柴刈りに行き、刈り取った柴を売って生業としていた。あるとき、爺様は「どうぞどうぞ、俺達さ、産子授げて呉申せ」といって、子を授けてくれるように山の神に祈願した。爺様の願いは聞き届けられ、山の神は木の股からかわいい男の子を授けてくれた。男の子は火焚きが何よりも上手であった。ある時、殿様から、火焚き番の若い者が欲しいという触れが出て、爺様と婆様は自分たちの息子を貸すことにした。年季をつとめて、息子は殿様からたくさんの宝物をもらってきたが、火ばかり吹いていたために口が漏斗のようにとんがってしまった。あまりに醜いので、婆様は息子を山の神の木の股に捨てにいく。爺様はかわいそうだからと、山の神に相談に行くと、お前たちの息子は火男になって、醜くなったが、その面を竈の前にかけておけば火の守り神になる。毎日思い出しながら眺めて暮すようにと山の神にいわれる。それからヒョットコは火の神になったという(佐藤義則編『羽前小国昔話集』一〇八-九頁)。

これはヒョットコの始まりを語った昔話である。一般に山の神は女性の神とされている。二股の木が山の神の宿り木、休み場などといわれるのもそのことと関係があって、二股の木は女性のシンボルであると同時に、山の神そのものを象徴しているのだろう。この昔話でも、山の神は木の股から子を授けてくれる。木の股から授かった子は神の申し子であり、いずれにしても尋常な子ではない。「木の股から生まれた」という俗信も異常出生譚であり、生まれた子も神から授かった特別な子という意味があったらしい。

「木の股から生まれた」という俗信については山本節氏も『神話の海』で言及している。山本氏の関心は多岐にわたっていて、教えられることが多いが、さしあたり私の注意を引いたのは、菅原道真に関することで、江戸時代初期の随筆『松屋筆記』には、道真が「木の股より生まる」と記されているという(一七一頁)。道真も最後は学問の神である天満天神として祀られた。その出生が喧伝されるようになったのは祀られたあとのことであろう。このようにみてくると、「木の股から生まれた」という俗信は古くから庶民の間に浸透していたことをうかがわせる。

木の股、あるいは二股の木が女性のシンボルをあらわしているといっても、両者を結びつけているのは女性の元型的なイメージであって、たんなる比喩やアナロジーではない。その意味では、二股の木は女性原理や母性原理の具体的なイメージのあらわれである洞窟、大地、泉などとも見合うはずである。したがって「木の股から生まれた」という口碑は「大地から生まれた」「泉から生まれた」と言い換えてもさほど大きな違いはないはずである。

二股の木が女性の元型的なイメージをあらわしていることは、外国にもこれと似たような俗信があることでも明らかだ。たとえばゲザ・ローハイムによると、ドイツにはよく知られた俗信がある。「ツヴィーゼルバウム（二股の木）のあいだを病気の子どもにくぐらせる」。また一方では、「女性の脚のあいだを這ってくぐるものは誰でも生まれかわる。母親が夜、病気の子供に自分の足の間を這わせたりくぐらせたりするのもこのためだ」ともいわれる（『龍の中の燃える火』、五〇頁）。この二つの俗信の意味はまったく同じである。二股の木のあいだをくぐるのも、女性や母親の脚のあいだをくぐるのも、同じ死と再生の儀礼であり、二股の木と女性のシンボルがパラレルに考えられている。たんなる比喩やアナロジーではなく、二股の木に女性の元型的なイメージをみているようである。

二股の木が女性の元型的なイメージをあらわしていることは日本の山岳修験でもみられる。山岳修験では山岳そのものを母の母胎とみなし、山伏の所持品にも母胎を擬したものが多く、たとえば山伏が背負う笈《おい》は母胎の象徴とされる。戸川安章氏によれば、笈の背板がくぼんでいるのは腹腔をあらわし、笈を背負うことは母の胎内に抱かれているかたちになる。笈を背中からはずして、その前に鳥居を立てるのは、鳥居が陰門を開いたかたちで、宝満山山伏は鳥居のかわりに股木を用いるという（『修験道と民俗』、一二四頁、一二三頁）。股木は二股の木で、母の陰門すなわち女性のシンボルであり、これも女性の元型的なイメージをあらわしているようである。

日本神話に登場する木俣神

木の股は女性原理の具体的なイメージのあらわれであって、そのことを明らかにするために、歴史をさかのぼり、神話の世界にその手がかりを探ってみることにしよう。『古事記』には木俣神《きのまたのかみ》といういささか風変わりな名の神が登場する。この神は神話の表舞台には出てこないものの、久久能智《くくのち》とならんで木の神とされ、その出自もまた変わっている。諸般の事情を勘案すると、この神は「木の股から生まれた」という俗信と関係があるようなので、ともかく『古事記』をひもといて、木俣神の由来をみていくことにしよう。

故《かれ》、其の八上比賣《やがみひめ》は、先の期《ちぎり》の如く美刀阿多波志都《みとあたはしつ》。故《かれ》、其の八上比賣をば率《ゐ》て來ましつれども、其の嫡妻《むかひめ》須世理毘賣を畏《かしこ》みて、其の生める子をば、木の俣《また》に刺《さ》し挾《ばさ》みて返りき。故、其の子を名づけて木俣《きのまたの》神と云ひ、亦の名を御井《みゐの》神と謂ふ。

大国主神は以前に約束した通りヤガミヒメと結婚して、ヒメを因幡から出雲へ連れてきたものの、ヒメは本妻のスセリビメ（須世理毘賣）を恐れて、自分が生んだ子を木の股に刺し挟んで因幡へ帰ってしまった。それゆえにその子の名を木俣神といい、またの名を御井神というとある。

自分が生んだ子を木の股に刺し挟むとは、ずいぶん変わったことをすると思われるかもしれない。ヤガミヒメのこの奇妙な振舞をどう解釈するかが、木俣神を理解するうえで大きな手がかりになりそうである。しかしその前に片づけておきたい問題がある。木俣神と御井神の関係である。木俣神のまたの名を御井神という。木俣神の素性については、別のところでやや詳しく論じたことがあるので（『昔話にみる山の霊力』、第二章）、ここでは概略だけを述べるにとどめる。

先ほども言ったように、木俣神の別名を御井神という。木俣神は木の神で、御井神はその名のごとく井の神である。木の神と井の神が同格とされているのである。古代の井はかならずしも掘井戸ではなく、むしろ泉や湧水をいう場合が多い。清水の湧くところには一本の老樹が立っていることもあり、この木を神木とみなし、崇拝の対象とされたこともよく知られている。井泉から清水が湧き出すのは一種の奇瑞であり、神霊のなせるわざとされ、そのほとりに立つ木が神の依りつく神木とみなされたのである。神木と井泉がセットになっている点は注目すべきで、その関係を語った神話や伝説も多い。とくに樹木の根元から水が湧き出す例は枚挙のいとまがないほどで、それだけ木と水が密接な関係にあることを示している。これは樹木の根が地下水を吸い上げることを考えればありえない話ではなく、「一本の木は一石の水を貯える」と言われるように、樹木には保水力があり、その意味でも木と水は密接な関係にある。これをエリアーデのひそみにならって「水－木の連合」（水と木のシンボルの連合）と呼ぶこともできるだろう。井戸辺に一本の神木が立っている風景はその象徴であり、水と木はそれぞれイメージを共有しながら聖なる空間の原風景を形成しているのである。

なかには木の根元ではなく、幹の内部から清水が湧き出している例もあり、柳田国男は『神樹篇』のなかで豊富な事例をあげている。また幹が二つに分かれて二股になり、そこがうつろになって水をたたえているケースも多々みられるという。これは要するに天然の井戸であり、古代人がこの奇瑞を見逃すはずはなく、それが木俣神のイメージにも反映されているのではないかと私は考えている。御井神は水の神であり、木俣神が木の神で別名を御井神というのは、そのことを示唆しているように思われる。木と水の密接な関係を考えればなおさらで、木俣神は木の神だから、ここにも「水－木の連合」がみられるのではないだろうか。木俣神と御井神はまったく別の神ではなく、同じ神の二面性をあらわしているのである。

木に変身させられたミュラの悲劇

すでに述べたように、木の幹が途中で二股に分かれたＹ字形は女性のシンボルをあらわしている。しかも木の股から水が湧き出すイメージはすぐれて女性的であり、そこには多産性や生殖力をつかさどる女性原理、より正確には母性原理のイメージが色濃く反映されている。木俣神は木と水の二重のイメージが投影された神であり、木と水の融合を象徴する神といってもいい。その意味では、インド神話に出てくる樹木と水にかかわる豊穣の女神ヤクシーにも通じるはずである。溝口睦子氏も日本神話に登場する木俣神とヤクシーが大いに関係があるとみている。溝口氏によると、図像や彫刻にあらわれたヤクシーは二股の木によって表現され、「この神が樹神であると同時に、『水につながる』豊穣神であったことも明らかにされている」という(「ヤクシーと木俣神」)。ヤクシーが二股の木で表現されるところなどは日本の木俣神をほうふつさせる。木俣神は木の神であると同時に水にかかわる豊穣神でもあり、日本のヤクシーといっても過言ではなかろう。

木俣神は木と水にかかわる神であり、それはＹ字形の木によって象徴される。それだけではない。この神は大地の入り口を象徴する神でもあったらしい。樹木が地上と地下の接点に位置することから、そこに境界的な意味が発生することは容易に理解できるし、これは日本にかぎらず世界の民族にみられる共通の認識であり、『ギリシア神話』にもそのことを象徴的に語った説話がある。父を愛したために、神々によって木に変身させられた娘ミュラの悲劇である。

キュプロス島の王キニュラスの娘ミュラは父に激しい恋心を抱くようになった。ミュラはそのことを年老いた乳母に打ち明けると、乳母は彼女の願いをかなえるために画策し、キニュラスには王に恋心を抱く少女がいると偽り、娘を引き合せる。暗いベッドで父と娘は幾晩か逢瀬を重ねたのち、キニュラスはランプを持ってきて少女の顔を見た。

少女の正体を知った父は驚き、娘を殺そうとする。しかし彼女は逃げて、九カ月のあいだ漂泊に身をさらしたあげく、最後は神々によって木に変身させられる。ミュラは言う。「このまま生きながらえて、この世の人々を汚し、死んであの世の人たちを辱めることだけはしたくありません。ですから、このふたつの国からわたしを追い出してくださいませ」。そう言うやいなや、彼女はみるみる木へと変じていく。ミュラの願いは神にききとどけられたのだ。ミュラが木に変じていく場面はこの物語のハイライトであり、その一部をオウィディウスの『変身物語』（岩波書店）から引用してみよう。

足が土に包まれた。爪が割れて、そこから、
根が横に伸びていって、高い幹の支えとなる。
骨は、木部となり、真ん中には髄が残っている。
血液は、樹液となり、腕は大枝に、指は小枝に変わる。
皮膚は、硬くなって、樹皮と化する。
伸びてくる木は、早くも、身ごもった腹部を覆い、胸にかぶさって、
つぎには、首を隠そうとしていた。
……

（九〇－一頁）。

ここにはミュラが木に変身していく様子が生きいきと描かれている。彼女はすでに父の子を身ごもっていたが、罪によってはらまれた子は木のなかで大きくなり、腹部は木の真ん中でふくれる。こうしてミュラは父の殺害の手から永遠に逃れることができたのである。「このふたつの国からわたしを追い出してくださいませ」というミュラの言葉

変身する７人の乙女たち
（『シンボルとしての樹木』法政大学出版局より）

に注目しよう。ミュラはみずから犯した罪をつぐなうために、生の国にも死の国にも属さない樹木として生きることを決心したのである。樹木はこの世とあの世の境界に位置し、その境界性ゆえにミュラは死をまぬがれたのである。

樹木に変身する話のついでにいえば、マンフレート・ルルカーは樹木の変身能力は錬金術書にしばしばみられるといい、そこでは樹木はただの移行段階にすぎないという。たとえば『ポリフィロの夢』（一六〇〇年刊、パリ）には樹木から変身する七人の乙女たちが描かれているが、これは七人の乙女というよりも、一本の樹木がひとりの乙女に変身する様子を時間系列に沿って描いているようにみえる。

日本では人間が樹木に変身する話は『常陸国風土記』が伝える童子女《うない》の松原の説話が有名である。常陸国香島《かしま》の郡に年若い男女がいた。男は那賀の寒田《さむた》の郎子《いらつこ》といい、女は海上《うなかみ》の安是《あぜ》の嬢子《いらつめ》といった。ともに容姿端麗で、その評判は近郷近在に知れ渡っていた。二人は歌垣で偶然に出会い恋に落ちる。人の噂を恐れた二人は歌垣の場から離れ、松の木陰で燃える心の内をたがいに吐露し、時のたつのを忘れて愛を語り合った。やがて白々と夜が明けると、二人は人に見られるのを恥じて二本の松の樹に変じてしまった。郎子を奈美松《なみまつ》、嬢子を古津松《こつまつ》といったという。

ともかく人間が樹木に変身したり、逆に樹木が人間に変身したりすることから明らかなように、樹木と人間は強い絆で結ばれ、両者のあいだには生命の交流がみられる。樹木と人間のあいだの生命の交流は、いわばアニミズムの名残といってもよく、これは「木の股から生まれた」という俗信の背景を考えるうえでも心に留めておきたい。この俗信の歴史の古さを感じさせるのである。

木の股は地下世界に通じる

樹木は地上と地下の接点にあって境界的な意味を帯びている。とくに二股の木はその象徴であって、それをさらに神格化したのが木俣神にほかならない。『古事記』には木俣神のほかにも二股の木の境界性についてふれた話があるので、これにも言及しておきたい。

大国主神は兄弟の神々に追われて紀伊国の大屋毘古神《おほやびこのかみ》のもとに逃げてくる。兄弟の神々は弓に矢をつがえてオホヤビコにせまり、大国主神を引き渡すようにいう。しかしオホヤビコは大国主神をこっそり根の堅州国《かたすくに》に逃してしまう。オホヤビコはどのようにして逃がしたかというと、原文では「木の俣《また》より漏《く》き逃《の》がして」とあり、木の股の間から抜け出させて逃したという。根の堅州国は地下に想定された他界であり、『日本書紀』はこれを「根の国」としているから、「根の堅州国」と「根の国」は同じとみられる。「根《ね》」は『岩波古語辞典』によると「ナ」（大地）の転とされ、大地にかかわる語であり、したがって根の国は大地の底にある国という意味である。オホヤビコは木の股から大国主神を根の国に逃がしたから、木の股は大地の入り口であり、根の国に通じていることがわかる。木の股を神格化した木俣神は大地の入り口を象徴する神だが、そのことはこの話からも理解できるのである。

また、この話の舞台が紀伊国である点にも注意したい。紀伊国はもとは「木国《きのくに》」（紀国）といい、森林が豊かで木材を多く産することからこの名がついた。のちに地名が好字二字に改められるさい「紀」が「紀伊」となったもので、「伊」は添え字である。先ほどの紀伊国の大屋毘古神は『古事記』に「木國《きのくに》の大屋毘古神《おほやびこのかみ》」とあるのをみても、そのことがわかる。紀伊国は古くは紀国（木国）と呼ばれたのである。豊かな森林にめぐまれた木国であればこそ、木の股の話が出てくるのであり、その意味でも、この国が根の国に直結するのは理にかなっている。

日本人の古い記憶では、万物を生み出す根源的世界は地下に想定されていた。大地の底、地下世界が万物を生み出す豊饒の源泉であり、このような日本の古い他界観の名残は昔話やお伽噺の世界にもみることができる。よく知られているのは「鼠浄土」である。野良仕事に出た爺さんが昼飯の握り飯を食べようとすると、手からすべって転がり、鼠の穴に入ってしまう。爺さんは握り飯のあとを追って穴の中に入っていくと、そこには鼠の浄土があった。そして爺さんは金銀財宝を手に入れて帰ってくる。金銀財宝は富の象徴であり、この昔話では豊穣を生み出す世界（＝浄土）は地下に想定されているから、ここに描かれた地下世界は日本神話が語る根の国とも重なるといえよう。

本土と同じく沖縄でも万物の発生のみなもとは地下世界に想定されていた。沖縄の楽土はニライカナイと呼ばれ、その入り口は海底に通じる洞窟であったりするのをみても、本土の地下世界と重なる面がある。ニライの「ニ」と根の国の「根《ね》」が語源的にも近接していることは多くの学者や研究者の指摘するところである。西郷信綱氏は「一門の宗家である根屋がニーヤ、そこから出た神女（根神）がニーガンと呼ばれるのでもわかるように、ニライは紛れもなく根の国と見合う」と述べている（『古代人と死』、四二頁）。また村武精一氏も、沖縄の異界を示す言葉「ニール」とか「ニーラン」、およびこれに通ずる洞穴を意味する「ナビンドゥ」などがすべてN音であることに注目する。とくに八重山の人々の感覚では、このような言葉は、「畏敬・暗・じめじめした陰湿さなどのイメージ」がまとわりついているという（「神話と共同体の発生――沖縄の祭祀と神話」）。暗い、じめじめした陰湿さなどは「根の国」の特徴であり、女性原理の具体的なあらわれでもあり、地下世界の特徴をよくあらわしている。ニライカナイも本土の根の国と同様に大地の底に比定された楽土であることがわかる。

ニライカナイや根の国は大地の底に想定された他界であり、万物を発生させる豊饒の世界である。母なる大地といわれるように、大地そのものが女性原理、母性原理のあらわれにほかならず、そう考えると、ニライカナイや根の国の起源は遠く太古の地母神信仰までさかのぼることができるはずである。大地は女性原理のあらわれであり、大地を象徴するのは地母神であるから、大地の入り口は地母神の胎内の入り口でもあった。大地の懐深くには満々たる水をたたえた水界が広がっていると考えられたが、その水を羊水とみれば、そこはまさしく地母神の胎内にほかならない。木俣神は木の股によって象徴され、木の神であると同時に水にかかわる豊穣神でもある。木の股には地下への入り口という意味があり、地下には豊饒の世界が広がっているから、木の股をシンボルとする木俣神は、遠く太古の地母神まで遡源できる古い神ということができるだろう。

木俣神は二股の木によって象徴される地上と地下を結ぶ神だが、二股の木は要するにY字形で、幹の垂直線はもっぱら地下をめざしているという印象が強い。二股の木が地下世界の入り口を標示するとされるゆえんである。これをキリスト教のシンボルである十字架と比較してみると、その違いがいっそうはっきりするはずである。十字架には天と地と地下を結ぶ通路という意味があったようで、エリアーデは、「東方の伝説では、十字架はこれをつたって人々の魂が神のところに昇って行く橋もしくは梯子である。それは『世界の中心』においてあるがままに立ち、天と地と地下界の間の通路である」と述べている（『大地・農耕・女性』、一〇三頁）。十字架は二股の木とちがって垂直軸は天上をめざして立っている。十字架と二股の木の大きな違いは垂直軸のベクトルの方向性にあり、その向きは正反対である。十字架は天をめざし、一方の二股の木は地をめざし、その違いが十字形とY字形というシンボルそのものに表出されているのである。

二股の木は地下をめざし、それは地上と地下の接点にあることから地下への参入口でもある。かつて大地は地母神とみなされ、地下はその胎内であり、したがって地上と地下を結ぶ二股の木は地母神の胎内の入り口、つまり陰門でもあった。二股の木は女性のシンボルをあらわしているが、その起源は太古の地母神信仰に求めることができるのである。

二股の木が信仰の対象とされるのは日本だけとはかぎらないようである。溝口睦子氏によると、中国雲南省南部から東南アジア北部の山地に住む少数民族のハニ族のあいだでは、二股の木を中心に地母神祭りがいとなまれる。村の背後の樹木の生い茂った神山とされる山中で、二股の木を選んでそれを地母神木と定め、この木の前で穀物の豊穣を祈り、同時に妊娠や子の無事な成長を祈願する祭りを行うという(「ヤクシーと木俣神」)。地母神は大地の神であり、二股の木がこれを象徴するわけだから、二股の木が大地の入り口、つまり地母神の陰門を示している。ハニ族のあいだでも二股の木は女性のシンボルをあらわしているのである。

わが子を木の股に挟む

さて、いささか回り道をしたようだが、ここで『古事記』が語る木俣神の話に戻る。ヤガミヒメがわが子を木の股にさし挟んで因幡へ帰ってしまったという例の話を考えてみたい。ヒメが子供を置いて帰ったのは大国主神の正妻スセリビメを恐れたからだという。スセリビメは人一倍嫉妬心が強いといううわさだから、どんな仕打ちをされるかわからない。ヤガミヒメはそう思って因幡へ帰ったのだろう。でも、わが子を木の股に刺し挟んだまま単身帰ったのはなぜだろうか。

すでにみたように、木俣神は二股の木によって象徴される境界的な神であった。その起源は太古の地母神にあったとすると、木の股は大地を象徴する地母神の胎内の入り口でもあり、木の股に子供を刺し挟むのは、地母神の胎内に子供を帰すという意味があったのだろう。C・G・ユングは、多くの神話が人間を木から生まれたものとする一方では、「うつろな木のなかに人を埋葬する風習もあった」と述べている(『変容の象徴』上、四五二頁)。樹木は地上と地下の接点にあることから大地の入り口とされた。そこはこの世における境界であり、内なる異界でもあるから、死と再生が行われる場でもあったらしい。ヤガミヒメがわが子を木の股に刺し挟んだのは、死と再生にかかわる儀礼とみることができる。この文脈に沿っていえば、「うつろな木のなかに人を埋葬する」のも、木の股に子供を刺し挟むのも同じ死と再生の儀礼にほかならない。死と再生の儀礼といえば、エリアーデが私生児について述べた次の文章も参考になる。

多くの地方において、子供は井戸、水、岩、木などからやってくると信じられている。また別の地方では、子供は「大地から来る」と考えられたことはいうまでもない。私生児は「土の子」(terrae filius) とよばれた。モルダヴィニア人は、子供を養子にしようとするとき、その子を守護女神地母が住むと想像される畑のなかの溝に置く。これは養子にしようとする子供が新しくここに生まれたことを意味する(『大地・農耕・女性』、九三頁)。

溝は大地の裂け目であり、畑のなかの溝は地母神の裂け目すなわち陰門という意味があったらしい。ここに子供を置くのは、いったん地母神の胎内に帰して、あらためて養子として再生させるためであり、子供の死と再生の象徴的な儀礼とみることができる。ヤガミヒメがわが子を木の股に刺し挟む話をみると、かつて日本でも同じような儀礼が行われていたことを推測させる。畑の溝も木の股もいずれも大地の入り口、つまり地母神の胎内の入り口を意味する。ヤガミヒメは自分が生んだ子を本妻の養子にするつもりで、このような措置をとったのだろう。わが子を他人の養子にするには、わが子であることをいったん否定し、あらためて他人の養子として再生させなければならない。ヤガミヒメの子供は象徴的な死によってその出生を否定され、あらためて正妻スセリビメの子として誕生する。木の股に子供を刺し挟むという行為には、このような意味があったと考えられる。自分はみずから身を引いて、わが子を生かすという道をヤガミヒメは選んだのである。木の股は死と再生が行われる境界であったことを示している。

子供の象徴的な死と再生とは、実際に子供が死ぬわけではなく、その身体に宿る魂が更新されるという意味である。魂の死と再生であり、子供の魂が別の魂に入れ替わるということである。そのためには子供の死と再生の象徴的な儀礼を必要としたのである。別の言い方をすれば、これは子供の所有権の移動であり、その意味では物の売買にも似ている。かつて生産物には生産者の魂が吹き込まれていると考えられた。物の売買とは生産者の魂を買い手に移動させることであり、所有権の移動は魂の移動にほかならなかった。一例をあげると、マルセル・グリオールは『水の神―ドゴン族の神話的世界』のなかで、西アフリカのドゴン族のあいだで行われる売り手と買い手の取引について述べている。それによると、そこでは品物の生命力と所有者の生命力は一致している。織布には、それを売る織り手が祖先の言葉を封じ込めるさい、自分自身の生命力も同時に織り込む。人間のつくる品物一切についても同じことがいえる。人間の力が少しその手から仕事のなかに移るのであって、所有することもまた所有者を代表する力を品物のなかに導入することだという(二七四頁)。

　ここでいう「生命力」を「魂」に置き換えてみると、かつて日本で行われていた物の売買にもそのまま当てはまることがわかる。物の売買は所有権の移動にかかわっている。物に宿った魂を売り手から買い手に移動させることであり、魂にかかわる非日常的な行為であった。そのためには特別な場所で、特別な時間に行われなければならない。それがいわゆる「市《いち》」である。市が立つのは辻とか衢《ちまた》など道の分岐点であり、『岩波古語辞典』は、衢を「チ(道)マタ(股)の意」だと説明している。『古事記』にはそのことを具体的に語った話がある。

　黄泉の国から逃れてきたイザナキは筑紫の日向の橘の小門《おど》の阿波岐原《あわきはら》で禊ぎ祓いをする。イザナキが身につけていたものを次々に投げ捨てると、そこから神々が生まれる。投げ捨てた御袴《みはかま》から生まれたのがチマタノカミで、原文では「道俣神《ちまたのかみ》」となっている。御袴からチマタノカミが生まれるのは、袴の股が割れていることからの連想である。

　このように衢(チマタ)は「道股《ちまた》」で、これは明らかに「木股《きまた》」に対応する言葉である。木股は木の幹や枝が分かれるところ、道股は道が分かれるところで、元型的には同じイメージをあらわしている。木股も道股もこの世とあの世の境界であることから、そこでは魂の死と再生が行われたのである。ユングは『変容の象徴』のなかで、「道が『分かれる』ところ、別離、分割、分離、分裂のあるところには、母の印、また母とのかかわりで体験するもの、つまり分離と別離の具象化として、割れめ、裂けめがある」と述べている（『変容の象徴』下、一七五頁）。母の印としての割れ目、裂け目は地母神の陰門であり、辻や衢など道が分かれるところはその象徴であって、同じことは木の股についてもいえる。辻や衢と木の股は母なるものの元型的なイメージをあらわしていて、いずれも大地の入り口という意味があったのである。

捨て子と物の売買

辻や衢は元型的には母なる大地の入り口であり境界であるから、そこは死と再生の場でもあった。市が立つだけでなく、さまざまな儀礼の場でもあり、たとえば捨て子なども行われた。御伽草子の『鉢かづき』でも、鉢かづきは継母によって身につけていた着物をはぎ取られ、みすぼらしい帷子《かたびら》だけを着せられて四辻に捨てられる。捨て子は道の辻のほかに河原でもよくみられた。河原も境界であり、魂の死と再生の場と信じられていたからだ。『発心集』巻第六には、子供のころ鴨川の河原に捨てられた女性の話が語られている。捨てられた女の子は園城寺の別院一乗寺の僧上に拾われ、寺の大童子《だいどうじ》夫婦が養い親になって育てられた。これは幸運なケースだが、一般に捨て子は拾われることを前提にした儀礼的な側面もあり、原理的には養子縁組と同じである。笹本正治氏は、辻で行われた捨て子の風習について述べている。たとえば高知県長岡郡あたりでは、病弱で育ちの悪い子は辻売りなどといって早朝にその子を抱いて四辻に立ち、三番目に通りかかった人に買い取ってもらう。相手が承諾すると、何か身につけているものを子供に与え、あらたに名をつけてやる。そしてケイヤクオヤ（契約親）になって生涯にわたり交際を続けるのだという（「辻についての一考察」）。

これは形式的な捨て子であり、子供の売買といってもいい。子供の売買というと、子供が物扱いされているように思われるかもしれないが、話は逆で人間と同じように物にも魂が宿ると考えられたのである。したがって物の売買も子供の売買も基本的には同じで、魂の移動にほかならない。さきほども言ったように、所有権の移動は魂の移動であるから、子供の売買も古い魂を新しい魂に入れ替えるのが目的である。捨て子は子供が病弱であったり生育が悪かったりするときに行われるけれども、これは子供の魂が十分に成熟していないせいだと考えられた。そこで古い魂を新しい魂に入れ替えるのである。それが捨て子であり辻売りである。辻売りが成立すると名を変えるのは、魂が入れ替わったことを示している。名は魂につけるものであり、魂が更新されると、名もつけなおすのである。

捨て子も物の売買も魂の死と再生の儀礼にほかならない。物の売買は売り手から買い手に魂を移動することであり、これは物々交換が前提であることはいうまでもない。経済が発達して物の売買に貨幣が介入するようになると、貨幣が魂の代役をつとめるようになり、物は魂のこもらない文字通りの物品にすぎなくなる。魂の代役というと聞こえはいいけれども、実際は物に宿る魂が貨幣に乗っ取られたという意味でもある。

養子縁組も魂にかかわる行為であった。養子にすることは子供の売買と同じで、子供を親から別の親へ移動させることであり、そのためには子供の魂の死と再生が行われなければならない。子供を木の股に刺し挟んだり畑の溝に置いたりするのは、そこが母なる大地の入り口であり、魂の死と再生にかかわる神聖な場であったからだ。樹木は大地につながり、木の股がその入り口であったとすると、そこでは養子縁組のほかにもさまざまな儀礼が行われたはずである。たとえば紙村徹氏が紹介するニューギニア高地のエンガ族に伝わる出産儀礼も木の股（木の枝）を中心に行われる。赤子が誕生すると、その夜に父親が赤子を網袋に入れて芋畑に連れて行き、畑と森の狭間にある木の枝に網袋をぶら下げ、その側で父親は寝ずの番をする。夜明けごろになると冷え込んで赤子が泣きだす。エンガ族はこの泣き声こそ、赤子の魂が頭頂部から入ったあかしとみなすのだという（「古代中国の霊魂観－ニューギニア研究者の視点から」）。

赤子を網袋に入れて木の枝につるすことから思い出されるのは、先に紹介した秋田県米内沢の俗信である。それによると、子供は「山の奥の木のマッカ（股）に引っ掛かっていた」のを拾ってきたなどという。木の枝も木の股も同じで、民族の違いを超えて木の股（木の枝）に女性の元型的なイメージをみていることがわかる。

エンガ族の儀礼では、木の枝もさることながら、畑と森の狭間という場所にも特別な思いがこめられているようである。畑と森の狭間は要するに境界である。そこには母なる大地の裂け目、割れ目という意味があって、畑と森の狭間にある木の枝はその象徴でもあったらしい。そして赤子の身体に宿るべく魂は大地から木の根をつたってやってくると信じられたのだろう。赤子を入れた網袋を木の枝にぶら下げておくのはそのためである。とりわけ樹木の幹は魂の通い路であって、根をつたってやってきた魂は幹を通過し、そして木の枝から赤子の体内に注入されると信じられたのだろう。

樹木の幹と母胎

木の幹が魂の通い路であったことは『グリム童話』の「杜松《ねず》の木」でも示唆されている。継母に殺された男の子の遺骸が杜松の木の根方の草かげに置かれる。すると風もないのに木の幹がもぞもぞと身じろぎをし、枝がざわざわと揺れはじめる。そのうち霧のようなものが木から立ちのぼり、一羽の鳥が霧の中から飛び出した（完訳クラシック『グリム童話』2、八四－五頁）。大野寿子氏はこの場面にふれて、殺された男の子の魂は木を媒介にして鳥の姿になって飛び立つというが（「死者の祈りとしてのグリム童話」）、まさにその通りで、鳥はいうまでもなく魂の化身である。殺された男の子の魂は杜松の木の根方から幹の中に入り、そこを通過して鳥になり大空に飛び立っていく。幹が母胎とみられているのは明らかで、母胎は死と再生のエネルギーを封じ込めた容器であり、魂はこのなかで鳥に変容したのである。木の幹がもぞもぞと身じろぎをするのは、魂が幹の中で変容する状態をあらわしているのである。

「杜松の木」の話を参考にすれば、樹木の幹は母胎であり、木の枝や木の股は母胎の入り口であることがわかる。

エンガ族の儀礼では、赤子を入れた網袋を木の枝にぶら下げておくが、これは赤子が産み落とされた状態を再現したものといえる。赤子は母胎から生まれてもまだ魂が注入されていない状態で、赤子を網袋に入れて木の枝にぶら下げておくのは、魂を注入するためだと考えられる。赤子が泣きだすと、その泣き声を魂が身体に入ったあかしとみなすのは何よりの証拠である。木の根をつたって樹木に入り込んだ魂は幹を通過して赤子の肉体に侵入するのである。

ちなみに日本では赤子が生まれて最初に発する泣き声を産声（ウブゴエ）という。しかし「産声」と表記するのはおそらく当て字であろう。ウブは魂のことで、ウブゴエは「ウブの声」という意味ではないだろうか。ウブゴエのほかにも、ウブユ、ウブギ、ウブメシ、ウブイレなど、誕生後間もない赤子の産育儀礼にウブを冠した言葉がよく使われる。ウブユは魂が付着した聖水、ウブギは魂が付着した晴れ着、ウブメシは出産の前後に用意する飯で、産神の依り代もしくはご神体である。ウブイレは生後まもない赤子の身体に魂を入れることで、ウブゴエもこれら一連の言葉のひとつであって、魂の声という意味であろう。魂には大きく分けて二種類あり、とくに赤子や幼児の身体に宿る魂はウブと呼ばれ、成人のタマとは区別されたのである。ウブゴエは魂の声、つまり魂が発する声であり、ウブ（＝魂）が赤子の体内に入ったことを知らせる合図ではないかと私はみているが、エンガ族も同じように考えているのは興味深い。

人間と樹木、とりわけ女性と樹木のあいだには深い生命の交流があり、それはたとえば女性が樹木に変身したり、逆に樹木が女性に変身したりする神話や伝説にもよくあらわれている。樹木と女性のあいだの生命の交流という話に関連していえば、埼玉県比企郡嵐山町鎌形には「血の出る木」という伝説が残されている。名主の万衛門は大きな屋敷を構えていた。ある夏の日のことである。突然、裏から恐ろしい物音とともに、木の枕のようなものが座敷のなかに転がり込んできたかと思うと、また音をたてて転がり出し、縁側から外へ飛び出して、庭の榎に飛び上り、木の股にある穴のなかに入ってしまった。みなが榎の穴を覗いたり、あちこち探したりしたが木の枕の行方はわからずじまいであった。数年後、榎を伐ることになり、樵が一斧入れると真っ赤な血が流れ出し、あたりが血だらけになったので、万衛門は伐るのをやめにしたという(『日本伝説大系』第五巻、三三一頁)。

木の枕のようなものが榎の木の股の中に入り込んでしまった。榎の幹が母胎で、その木の股のところに入り込んだ木の枕は胎児とみられる。しかも榎を伐ると血が流れ出し、あたりが血で染まったとあるから、木の枕はもとより榎そのものが擬人化されている。とりわけ幹と母胎との密接な関係は、樹木と女性のあいだの生命の交流をあますところなく伝えるとともに、「木の股から生まれた」という俗信との関連も示唆されている。

この伝説から明らかなように、樹木は女性にたとえられる。とくに幹が母胎や子宮の象徴とされるのは世界的にも共通している。マンフレート・ルルカーによると、ラテン語の mater は母と同様に切り株や根茎をも意味し、また matrix には「若枝を伸ばす幹・子宮・母体」という意味があるという(『シンボルのメッセージ』、二八六－七頁)。木の幹と母体が同義とされるのは、幹が元型的には母体とみられていたからにほかならない。幹は母体(母胎)に擬せられ、日本でもそれにまつわる伝説は少なくない。

柳田国男は「赤子塚の話」のなかで、松樹を抱いて念じれば子を孕むという孕松の伝説について述べている(『定本柳田國男集』第一二巻、二四九頁)。この伝説は各地にみられるともいい、樹木の幹を母胎とみなし、その幹には多産性や生殖力の呪力があって、それにあやかろうとするのがこの伝説のモチーフである。一種の感染呪術であろう。同じような風習は世界の民族にもみられる。ルルカーの『シンボルのメッセージ』から二、三例あげてみると、北米インディアンの諸部族やインドシナ半島では樹の根元で出産する風習がある。マラッカの少数民族ペラ＝セマン族の妊婦は、出産前に彼女の「出産樹」を訪れる。スカンジナビア地方では、出産を控えた女性は安産を祈って「守護樹」を抱きしめる。「出産樹」や「守護樹」という「母なる樹に触れることは、庇護されている感じを産婦に与える」のだという(二八二－三頁)。

日本の孕松の伝説はとくに樹木の幹の呪力について語ったものだが、樹木の幹を母胎とすれば、その二股の部分はむろん母胎の入り口である。二股の木の信仰は出産にまつわる話が多いようで、広島県福山市に伝わる俗信も安産のまじないである。難産のとき、家の軒下に立って、「桃の木のくだりし枝にやに（嬰児）かかる、今引きおろせ伊勢の神風」と三度唱えると安産するという（『日本産育習俗資料集成』、三三一頁）。桃の木の枝に嬰児がかかるとは、赤子が産まれそうだという意味であり、幹が母胎に、木の枝が陰門に擬せられているのは明らかである。木の枝は木の股と同じで、二股の木の象徴的な意味が庶民的に味付けされているといったらいいだろうか。

木の股と指の股

木の股はY字形であることから女性のシンボルとされるが、人体の指の股にもやはり同じような意味があったらしい。日本神話に登場する少名毘古那神《すくなびこなのかみ》は高皇産靈尊《たかみむすひのみこと》の御子とされ、その名のごとく小さな神で、稲種や粟をもたらす穀霊とされている。『日本書紀』第八段（一書第六）には、スクナビコナは「粟茎《あはがら》に縁《のぼ》りしかば、彈《はじ》かれ渡りまして常世郷に至りましき」とあり、粟茎によじ登り、弾かれて常世の国に行かれたという。その出生もユニークで、タカミムスヒはわが子のことを次のように語ったとされる。「吾が産《う》みし兒《こ》、凡《すべ》て一千五百座《ちはしらあまりいほはしら》有り。其の中に一《ひとり》の兒最惡《いとつら》くして、教養《をしへごと》に順《したが》はず。指間《たま》より漏《く》き墜《お》ちにしは、必《かなら》ず彼《かれ》ならむ」と。私が生んだ子はあわせて千五百ほどである。そのなかの一人の子はいたずらが激しく、いうことをきかず、指の間から漏れ落ちたのは、きっと彼に違いないという。

ここで注目したいのは、スクナビコナがカミムスヒの指の間から漏れ落ちたことである。また『古事記』の同じ話では、スクナビコナはタカミムスヒではなく神産巣日御祖命《かみむすひのみおやみこと》の御子とされているが、話の内容は書紀とほぼ同じである。カミムスヒが言うには、「此《こ》は實《まこと》に我が子ぞ。子の中に、我が手俣《たなまた》より久岐斯子《くきし》ぞ」とあり、「手俣」は手の股、「くきし」は漏れるという意で、「手俣より久岐斯子」とは手の股から漏れた子という意味である。「手俣」も「指間」も意味は同じで、要するにスクナビコナは御祖命の指の間から生まれたらしい。手俣や指間が女性のシンボルを暗示していることは言うまでもない。

スクナビコナは御祖命の指の股から漏れたり、粟茎に弾かれたりするなど、稲粒や粟粒を連想させることから、稲種や粟種を神格化した神ではないかと思われる。稲粒や粟粒のように小さな神であればこそ指の間から生まれたのである。「手俣」はスクナビコナの話のほかに、イザナキが火の神カグツチを御剣で切り裂く話にも出てくる。『古事記』によると、イザナキが御剣で火の神カグツチの首をはねると、御剣に付着した血が指の間から洩れて、その血からクラオカミノカミが生まれたとされる。「次に御刀の手上《たがみ》に集まれる血、手俣《たなまた》より漏《く》き出でて、成れる神の名は、闇淤加美神《くらおかみの》」。指の間から漏れ流れて神が生まれるのはスクナビコナの場合と同じで、手俣や指間は木の股と同様に二股であるから、これを女性のシンボルとみているのである。

木の股の話に戻ると、木の股が母胎の入り口で、死と再生の場であったことを語る説話や伝説は多く、先ほど紹介した「血の出る木」はその一例である。二股の木そのものが信仰の対象とされることもある。滋賀県高島郡あたりでは、二股の木に石、餅、洗米、甘酒などを供える風習があり、こうすれば十分に乳が出るようになると信じられているらしい（石上堅『石の伝説』、六五頁）。二股の木を女性のシンボルに見立て、その多産性や生殖力にあやかろうという信仰である。二股の木の信仰は柳田国男の『神樹篇』でもいくつか紹介されているので、一例だけあげると、北足立郡戸田村の羽黒権現の境内には近代に出現した榎の泉があった。根から一丈五尺（四・五メートル）のところが二股になり、その間に水をたたえていて、病人や乳の出ない母親がさかんにこれを汲んで帰ったという（『定本柳田國男集』第十一巻、一二八頁）。ここでも二股の木は女性のシンボルとされている。とくに二股のところに水をたたえているのはすぐれて女性的であり、二股の木が女性原理や母性原理の具体的なイメージのあらわれであることを示している。

産杉の伝説と行基伝説

「産杉《うぶすぎ》の伝説」も二股の木の信仰がその背景にあると考えられる。これは産気づいた女を峠にある杉の木の二股になった枝の上にのせ、そこでお産をさせる話である。二股の木の上でお産をさせるのは、血の臭いをききつけて狼に襲われるのを避けるためだが、理由はそれだけではない。出産はこの世とあの世の間で魂のやり取りが行われる瞬間であり、出産そのものが境界性を帯びている。そのため妊婦は産屋にこもってお産をする。産屋はこの世とあの世の境界であり、内なる異界である。木の股にも境界という意味があるから、その境界性ゆえにお産の場に選ばれたのである。二股の杉はいわば仮の産屋ともいえる。境界といえば、この伝説の舞台が峠に設定されている点にも注意したい。峠は山道を登りつめたところで、その先は下り坂になることから境界とされた。峠は境界であり、峠の二股の杉はその象徴ともいうべきもので、峠と二股の木という両者の境界性があいまってこの伝説は成り立っているのである。

次に紹介する伝説になると、話はさらに具体的で現実味を帯びてくる。『元亨釈書』（巻十三）に収められた行基誕生にまつわる伝説である。ここでは原本からの現代語訳を引いておく。

釈行基《ぎょうぎ》は、俗姓は高志《たかし》氏、和泉の国大島郡の人で、百済の国王の後胤である。天智《てんじ》七年（六六八）に生まれたが、誕生したとき、胞衣《えな》がその身にまとわりついていたので、母は、これを忌みきらい、嬰児を打ち捨てて木の枝にかけておいた。一晩たって行ってみると、胞衣がとれて、ものをしゃべるようになっていた。そこで、父母は大いに喜び、手にとって大切に養育した。

この話の要点は、生まれた嬰児の身体に胞衣がまとわりついていたために、嬰児を木の枝にかけておいたことである。これはわが子を木の股に刺し挟んだまま因幡に帰ってしまったという『古事記』の木俣神の説話をほうふつさせる。木の枝は木の股と同じである。柳田国男の指摘によると、『東山往来拾遺』に記載された行基伝説では、嬰児は榎の股に三日置かれた話になっているという（『定本柳田國男集』第十一巻、一二四頁）。いまも言ったように、木の枝と木の股は同じである。『元亨釈書』では嬰児を木の枝にかけておいたのは一晩にすぎないが、『東山往来拾遺』では三日となっている。だが一晩と三日の違いはさしたる問題ではなく、要は行基が異常出産児であったことを伝説は強調しているのである。

嬰児を木の枝にかけておくのは一見、子捨てのようだが、翌日、様子を見に行っているから、これはたんなる子捨てではなく呪術的な儀礼とみることができる。嬰児は生まれてきたものの、胞衣が身にまとわりついている。これは一種の未熟児で、昔は魂が充実しないまま生まれてくると未熟児や不具児になると考えられた。この場合の嬰児も魂がまだ十分に成熟しないまま生まれてきたのである。魂を中心に考えれば、人の誕生は魂のこの世での再生であるから、魂はまだ完全に再生していない状態である。そこで母親はもういちど嬰児の魂を胎内にもどして、あらためて魂が充実するのを待つことにした。嬰児を木の枝にかけることにはそのような意味があり、魂の母胎への回帰である。

そして一夜明けて様子を見に行くと、胞衣がとれてものがいえるようになったというから、母胎に回帰した魂が一晩で充実し、あらためて魂の再生がなされことを示している。もっとも、生まれたばかりの赤子がものをしゃべるのは不自然で、これはたぶん産声のことであろう。胞衣がとれてものがいえるようになったのは産声をあげたという意味であって、行基が生まれながらの高僧であることを強調するためのいわば文学的潤色とみられる。

行基伝説と似た説話は『日本霊異記』下巻第十九にもあって、これは女が肉の塊を生んだ話である。肥後国八代郡豊服《ひごのくにやつしろのこおりとよぶく》の里の人、豊服広公《とよぶくひろぎみ》の妻が一つの肉の塊を産み下ろした。肉の塊は鳥の卵のような形で、何かの祥瑞とも思えなかったので、夫婦はこれを竹で編んだ籠に入れて山の石の中に隠して置いた。七日後に行ってみると、肉の塊の殻が破れて女の子が生まれていた。夫婦はあらためて赤子をわが子として養育することにした。成人になっても身の丈三尺五寸（一〇五センチ）ほどで、頭と首がくっついて、顎がなく普通の人とは違っていた。しかし生まれつき賢く、七歳にならないうちに法華経・八十華厳経を転読するほどであった。長じて出家し、仏の生まれ変わりといわれ、舎利菩薩と呼ばれ、僧も俗人も彼女に帰依したという。

これは肉の塊として生まれた異常出生譚である。肉の塊は竹の籠に入れて、山の石の中に七日間隠して置いたとあり、これも呪術的な儀礼である。行基伝説と違うのは、肉の塊というさらに未熟な状態で赤子が生まれてきたことで、そのため竹の籠に入れたうえに、石の中に七日間もこもらせるという念の入れようである。石の中も竹の籠と同じく母胎であり、肉の塊は母胎のなかに二重に包まれた状態で七日間にわたって隠し置かれたのである。魂が充実するにはそれだけの措置が必要であった。そして再生した女の子は、成人後も身長一メートルたらずで、からだつきも異常であったが、生来賢く、長じては仏の生まれ変わり、舎利菩薩と呼ばれるほどの名僧になった。

最初は未熟児や異常児で生まれ、あらためて生まれなおすという点は行基伝説と同じである。竹の籠、石の中はいずれも疑似母胎であり、未熟児や異常児はふたたび母胎のなかにこもって魂が充実するのを待つのである。次章であらためてふれるように、英雄は二度生まれる、あるいは生まれなおすのである。これが英雄誕生の条件とされているのである。

第二章　樹木と記憶

捨て子と英雄伝説

行基伝説はいわゆる英雄誕生譚であり、異常出生譚である。ユングが言うように、「英雄は通常の人間のようには生まれない」（『変容の象徴』下、九四頁）。英雄伝説で最も人口に膾炙しているのはモーセ神話であろう。『旧約聖書』の「出エジプト記」二章によれば、ヘブライに生まれた男の子はみな「ナイル川に投げ込め」というファラオの厳命によって、モーセはナイル川に捨てられたという。しかし母親はパピルスで編んだ籠に瀝青と樹脂を塗り、そのなかに赤子を入れて、ナイル川の岸辺の葦の陰に置いた。そこに川で水浴をするためにパロの王女が一行を引き連れてやってくる。川岸を散歩していた侍女たちがその籠を発見し、赤子はモーセと名づけられ、王女の養子として育てられることになった。モーセという名は「水から引きあげた子」という意味だとされる。

籠は母胎の象徴であり、赤子のモーセもまた母胎に回帰し、そのなかで第二の誕生の機会を待っていた。ナイル川に捨てられたモーセは英雄として再生をはたすのである。川や海に捨てられるという英雄誕生のモチーフは普遍的であり、日本の神話でも、イザナキとイザナミが最初に生んだ子は水蛭子《ひるこ》という不具児であった。『古事記』には「此の子は葦船《あしぶね》に入れて流し去てき《う》」とあるように、ヒルコは葦船に入れて捨てられた。葦船は葦を編んで作った船で、ベトナムにはいまでも細い竹を編んで底にヤシ油を塗ったお椀船があると日本古典文学大系『古事記・祝詞』は注しているから（五四－五五頁）、葦船も何らかの防水が施されていたのだろう。モーセを入れたパピルスの籠も瀝青と樹脂で防水されていた。いずれにしても船には母胎という意味があり、ヒルコをのせた葦船はモーセを入れた籠と同じく死と再生のための容器である。

ところで、ヒルコの意味については大別して二つの説があり、「蛭のような骨なしの不具児」とする説がある一方では、アマテラスに対応する男神とする説がある。専門家の間では後者の説が有力視されているようなので、その要点をかいつまんで述べると、『日本書紀』（一書第十）には、イザナキとイザナミ二神が大八洲国や山川草木の神々を生んだあと、「是《ここ》に、共に日の神《かみ》を生みまつります。大日孁貴《おほひるのむち》と號《まう》す。大日孁貴、…一書に云はく、天照大日孁命《あまてらすおほひるめのみこと》といふ。此《こ》の子《みこ》、光華明彩《ひかりうるは》しくして、六合《くに》の内《うち》に照《て》り徹《とほ》る」とあり、ヒルメはアマテラスという太陽神の別名であり、古名であることが述べられている。また『万葉集』（巻二―一六七）にも「…天照《アマテラス》　日女之命《ヒルメノミコト》…」とあり、アマテラスとヒルメが同格とされ、アマテラスは古くはヒルメといわれたことがわかる。

日本古典文学大系『日本書紀』上の頭注によれば、ヒルメの「ル」は助詞の「ノ」の古語で、ヒルコの「ル」も同じだとされる（八七頁）。ヒルメは日女《ひのめ》、ヒルコは日子《ひのこ》で、ヒルコとヒルメは一対をなす神であって、ヒルメという女神に対してヒルコという男神がいたことになる。いずれにしてもヒルコは不具児として生まれ、そのために葦船に入れて捨てられたが、のちに日子として再生したらしい。

捨てられたのはヒルコだけではない。『日本書紀』第十段（一書第四）の伝えるところでは、豊玉姫《とよたまびめ》は出産の場を夫の火遠理命《ほをりのみこと》に覗き見されたのを恨んで、「遂《つひ》に眞床覆衾《まとこおふすま》及《およ》び草《かや》を以て、其の兒《みこ》を裹《つつ》みて波瀲《なぎさ》に置きて、即《すなは》ち海《わた》に入りて去《い》ぬ」とあり、トヨタマビメは生まれた子を眞床覆衾（または草《かや》ともいわれる）に包んで渚に捨てたまま海神宮《わたつみのみや》に帰ってしまった。その子は彦波瀲武鸕鷀草葺不合尊《ひこなぎさたけうがやふきあへずのみこと》と名づけられたという。トヨタマビメとホヲリノミコトの結婚生活は破綻を迎えるが、渚に置き去りにされたウガヤフキアヘズはその後どうなったかというと、トヨタマビメは自分の妹のタマヨリビメを別れた夫のもとへ送り、ウガヤフキアヘズを養育させた。ウガヤフキアヘズは成長してタマヨリビメと結婚し、四人の男子をもうけ、そのうちの四男が初代天皇の神武天皇（カムヤマトイハレビコ）とされている。

ウガヤフキアヘズは渚に置き去りにされたとき眞床覆衾に包まれていた。これは天孫ホノニニギが天降ってくるときにくるまれていたのと同じものである。眞床覆衾は一種の寝具で、トヨタマビメが生んだ子も寝具や草で包まれた状態で渚に捨てられたのである。眞床覆衾や草に包まれた嬰児が母胎のなかの胎児をイメージしていることはいうまでもない。

英雄は二度生まれる。あるいは生まれなおすのである。一般に最初の出産は異常児で生まれたり捨てられたりして、いちど母胎に回帰してあらためて生まれなおすと、人並すぐれた英雄として誕生する。前章で取り上げた行基伝説はまさにそれで、異常出産や捨て子が英雄誕生の条件とされている。これは昔話やお伽話の世界にもみられるテーマであり、桃太郎や瓜子姫なども川を漂流していたところを拾われる。桃太郎や瓜子姫がこもっていた桃や瓜はいずれも母胎や子宮の象徴であり、そのなかで再生する機会を待っている。

冒頭で紹介したように、「お前はうちの子ではない、川から流れてきたのを拾ってやったのだぞ」という口碑は全国にみられるが、奄美諸島では、年長の子供から赤子の出所について聞かれたときなど、こんな答え方をしたものだという。「誰々ちゃんは、ツガ舟（ひょうたん舟）に乗って、川を流れて川尻の川岸の生い塞がる木の下影に漂っているのを母ちゃんが拾ってきたのよ」と（金久正『奄美に生きる日本古代文化』、二三五頁）。ひょうたん舟に乗ってくるとは、いささか作り話めいているが、これなども「桃太郎」や「瓜子姫」の昔話と無関係ではなく、福運をもたらす子供は川に捨てられたり、流されたりするという古い英雄伝説や子捨て伝説がかたちを変えて伝えられてきたものと考えられる。

母胎に回帰する魂

捨てられるのは英雄だけとはかぎらない。昔は不妊の知識も乏しく技術も未熟であったから、なかば公然の秘密として間引きが行われた。間引いた嬰児は桟俵やコモに包んで川や海に流したりした。子供は神からの授かりものだから、不要な子は神にお返しするなどといわれる。桟俵やコモに包まれた嬰児は母胎のなかの胎児を思わせるし、葦船に乗せて捨てられたヒルコや籠に入れて捨てられたモーセと同様に、間引いた子供の魂も母胎に回帰し、ふたたび生まれる機会を待っているのである。また生まれつき虚弱な子供は河原へ連れて行き、いったん捨てる真似をして、あらためて拾い上げるという民俗儀礼も各地に残る。この儀礼的な捨て子と、嬰児を桟俵やコモに包んで川や海に流す間引きの風習とは明らかに関係があって、両者の根底に流れているのは魂の死と再生であり、これらの風習にヒルコが葦船に乗せて流された古代神話のイメージを重ねてみるのもあながち荒唐無稽とはいえない。儀礼的な捨て子にしろ、間引きにしろ、その淵源は古代の英雄神話にあって、その無意識化された古い記憶が断片的なかたちで再現されているのである。

赤子を川や海に流す風習は世界各地にみられるけれども、これは漢字の「流」の成り立ちをみてもわかる。白川静氏によると、「流」の字形は「子の流れることを示す字」とされる。「𠫓《とつ》は子のさかさまの形で、子の生まれる形、三毛はその頭毛である。(中略)古くは生まれた子を水に入れて、その浮沈によって養否を卜し、ときにはこれを水に棄てた。棄もまた𠫓に従う字で、子を棄てる意の字である」という(『文字遊心』、一八〇頁)。「流」と「棄」の字には「𠫓」が含まれていて、いずれも赤子を川や海に流したり棄てたりするのが本来の意味らしい。これらの字の生まれる背景に英雄伝説が影を落としていたことは間違いないだろう。

赤子を捨てる話があれば、当然ながら拾う話もあり、これが英雄伝説を支えているわけで、柳田国男も「赤子塚の話」のなかでこの伝説をとりあげている。たとえば奥州街道の側を流れる白井川の一支流は子捨川とも児投川ともいわれ、かつて用明天皇の御妃玉世媛が若君を捨てたことに由来するらしい。捨てられた若君は白鳥と化して飛び去ったといい、捨てられた理由については明白な説明がないという。また京都の上賀茂の南には児捨馬場があった。平家都落ちの騒動の折に、平敦盛の隠し妻で大納言資方の娘が稚児を襁褓《むつき》にくるんでここに捨て、黒谷の法然上人が拾い上げて育てたという（『定本柳田國男集』第一二巻、二四一－四頁）。児捨馬場という特定の場所があるくらいだから、子を捨てる女人が絶えなかったとみえる。柳田によれば、児捨馬場の「馬場」の地名は神社正面の大通りにはよくあり、神事の折に馬を牽かせたところで、左右に人家はなく、松の木立などが立ち並び、子捨てには都合がよかった。捨てるといえば残酷に聞こえるかもしれないが、この伝説の主眼は、捨てられる子は「産婆の手に掛かるやうな平凡な児でなかつた」という点にあったのだという。

子捨てとは、たんなる子を捨てることではなく、死と再生にかかわる呪術的な儀礼であった。いったん母胎に返して、あらためて拾い上げるという儀礼的な意味で行われたのである。行基伝説も同じで、嬰児は胞衣が身にまとわりついて、ものをしゃべることがなかった。夫妻は嬰児を木の枝にかけて捨てておくと、一晩で胞衣がとれて、ものをしゃべるようになった。しかしこれは一種の文飾で、実際は産声をあげたという意味であろう。このことはすでに述べたとおりで、ものをしゃべる（産声をあげる）こと自体が魂の充実と深くかかわっているのである。行基伝説ではものをしゃべらないのは嬰児だが、日本の神話には成人しても言葉をしゃべらない御子のことが語られている。『古事記』垂仁天皇によると、天皇の御子ホムチワケノミコは成人しても、ものをいわなかったので、二股の杉の木から二股の小舟を作り、池に浮かべて御子を遊ばせたという。

…二股榲《ふたまたすき》を二股小舟《ふたまたをぶね》に作りて、持ち上《のぼ》り來て、倭《やまと》の市師《いちしの》池、輕《かるの》池に浮かべて、其の御子を率《ゐ》て遊びき。

「二股小舟」といういささか聞きなれない舟に御子が乗せられている。二股小舟とは、これまで述べてきた二股の木から判断して、二股の杉の巨木をくりぬいて作った舟を想像することができるだろう。日本古典文学大系『古事記祝詞』の頭注も、「二股に分れている杉の木を、そのまま二股の丸木舟に作って」としている（一九六頁）。船体はY字形で、幹の部分をくりぬいて丸木舟に仕立てたもので、船尾が二股に分かれているから通常の丸木舟よりも安定性は格段にすぐれていたはずである。これも母胎を擬したもので、死と再生のための容器とみられる。二股小舟そのものが母胎であり、御子をこの舟に乗せて、池に浮かべて遊ばせたのである。しかし遊ばせるといっても、たんなる舟遊びではなく、魂の死と再生の呪術的な儀礼とみるべきであろう。池田弥三郎氏はホムチワケノミコの説話にふれながら、古代の舟遊びには鎮魂的な意味があったと述べている。「まだ霊魂の宿っていない肉体を船に乗せて、水上に浮かび出るということは、そのからだのなかに霊魂を鎮定させるための呪術であった、とみることができるであろう」（「鎮魂の遊び」）。成人してもものがいえないのは、魂が充分に成熟していないせいだと考えられた。そこで母胎をかたどった二股小舟に御子を乗せて、タマフリの呪術をしたのである。タマフリは魂振りで、魂を揺り動かして活性化させ、魂に活力を与えたうえで身体に鎮定させることである。二股小舟という疑似母胎のなかにこもった御子は、波のまにまに揺られているうちに魂が充実すると信じられたのである。

もっとも、この話には後日譚があって、『古事記』垂仁天皇の続きによると、「然《しか》るに是《こ》の御子、八拳鬚心前《やつかひげむなさき》に至るまで真事《まこと》とはず」とあり、タマフリをしてみたものの、その効果はかんばしくなく、成人後さらに歳を重ね、長いひげが胸先まで垂れさがるほどになっても言葉を発することがなかったという。ものをいわない本当の原因を太占《ふとまに》で占わせると、出雲大神《いずものおおかみ》である大国主神の祟りであることが判明し、この場合のタマフリは功を奏さなかった。

タマフリと水のイメージ

『出雲国風土記』仁多《にた》の郡にもこれとよく似た話がある。大神大穴持命《おほなもちのみこと》の御子の阿遅須枳高日子命《あぢすきたかひこのみこと》は、あごの髯が八握になっても昼夜となく哭いておいでになり、言葉もしゃべることができなかった。そこで御祖《みおや》の命《みこと》は御子を船に乗せて八十嶋《やそしま》を連れて巡り心を慰めようとしたという。ここではただ「船に乗せて」とあるだけで、船の具体的な説明はなく、二股小舟であるかどうかはわからないものの、八十嶋すなわち多くの島々を巡るのは、時間をたっぷりかけてタマフリをしたという意味にもとれる。

二股小舟は『日本書紀』履中天皇のくだりにも出てくる。そこには、「天皇《すめらみこと》、両枝船《ふたまたぶね》を磐余市磯池《いはれのいちしのいけ》に泛《うか》べたまふ。皇《み》妃《め》と各《おのおの》分《わか》ち乗りて遊宴《あそ》びたまふ。膳臣余磯《かしはでのおみあれし》、酒《おほみき》献《たてまつ》る」とあり、天皇が両股船を磐余の市磯池に浮かべて妃とともに舟遊びをしたことが述べられている。妃とそれぞれの船に分乗したとあるから、これはもともと二艘の船をつなぎ合わせたものであろう。ホムチワケノミコが乗せられたのは二股の杉の木をくりぬいた素朴な丸木舟であった。それにひきかえ、こちらは立派な二艘船を想像することができる。しかも膳臣の余磯が酒を奉っているから船上は酒宴のムードさえ漂う。両股船を池に浮かべるとはいえ、タマフリ的な意味は薄らいで、もっぱら遊宴と化しているようである。

タマフリの話にもどると、行基伝説とホムチワケノミコの説話には、ものをしゃべらないという共通のテーマがある。ここに木の枝と二股小舟という女性原理や母性原理を象徴する道具立てが登場することに注意を促しておきたい。とくにホムチワケノミコの場合は二股小舟に乗せられて池に浮かんだ。舟遊びそのものにタマフリ的な意味があるといったが、タマフリは魂を揺り動かすことであり、水上に舟を浮かべるという発想とは表裏の関係にある。母胎に擬せられた二股小舟もさることながら、水には揺する、揺れるという性質があり、これがタマフリの呪術に深くかかわっているのである。水はいうまでもなく女性原理の具体的なイメージのあらわれであり、それは水の揺するという性質とも関係がある。水の揺するという性質と女性との関係については、バシュラールの言説が参考になる。「四元素のなかで、揺することができるのは水しかない。水は揺する元素なのだ。これは母親のように揺するという女性的特性をかなり目立たせる一点である」(『水と夢』、一九二頁)。四元素とは火、空気、水、土のことで、そのうち水だけが揺することができるし、しかもそれは女性的な性格を強く帯びているのである。

揺するという水の性質は女性的、母性的であり、したがってこの水の性質を最もよく理解しているのは女性、とりわけ母親であろう。母親が赤子をあやすときのしぐさを考えてみるといい。母親は無意識に水の性質と似たようなしぐさをしているのがみられるはずである。「最初の物質的イマージュが生まれるのは肉体のなか器官のなかにほかならない」(同前、二〇頁)とバシュラールは言う。私たちが肉体の内部の声に耳を傾けるとき、最初の物質的イメージが生まれるのである。妊婦は肉体の内部に水をかかえた存在である。母親が赤子をあやすとき、軽く揺するしぐさをするのは、すでに肉体のなかにその物質的イメージが孕まれていたのである。母親はそのイメージをただ再現しているにすぎない。母親が赤子を胸に抱きながら軽く揺するたびに、赤子は羊水に浮かぶ胎児と同じように静かな波のうねりのなかにいるのであって、母親はその動きを無意識に再現しているのである。水は女性原理の具体的なイメージのあらわれだが、母親が赤子を抱きながら軽く揺するとき、それは揺するという水の性質が最も鮮やかにあらわれる瞬間である。「母親 Mother を表す文字M(Ma)は波を表す表意文字であった」(『神話・伝承事典』、八三九頁)といわれるように、母親は波そのものであり、波は母親元型の具体的なイメージをあらわしているのである。

ホムチワケノミコの説話でも水が大きな要素を占めている。母胎をかたどった二股小舟が池の水面に浮かび、おだやかな波が舟を軽く揺する。二股小舟と波のうねりによる相乗効果によって、タマフリの呪術は完成する。それと同時に、その情景には女性的なイメージが強く感じられるのも特徴で、船は母胎の象徴であり、池にも母胎や子宮という意味があり、水はいまも言ったように女性原理や母性原理を象徴している。古代の舟遊びは遊宴というよりもタマフリ的な意味で行われたけれども、当然の結果として、儀礼そのものが胎内回帰的なイメージを強く発散させていたのである。

タマフリと民俗儀礼

古代のタマフリの名残と思われる風習や民俗儀礼が今も伝わっているようなので、いくつか例をあげてみよう。長崎県の海岸には家船《えふね》と呼ばれる漂泊の漁撈生活者の集団が近年まで住んでいた。野口武徳氏によると、陸上民の子供が病弱な場合、家船の元気な老人に抱いてもらうと丈夫になるという俗信が家船の漂泊圏にはあり、これを「イダキをやってもらう」という。抱いてくれた家船の老人をダキオヤといい、実の親と同じようにして贈り物などを続けたという（「海上漂泊漁民の陸地定着過程」）。また長崎県西彼杵郡神島でも嬰児が病弱で育つのがむずかしいような場合は、その子を家船の養子にして、仮の親子関係を結ぶと丈夫に育つといい、家船生活者も縁起がいいといって喜び、その後はいつまでも魚を持参することがあったという（『日本産育習俗資料集成』、四七四頁）。

家船と陸上民の間には通婚関係はなかったらしい。ダキオヤは一種の拾い親で、拾い親は一般には神官や僧侶、または行商人などに依頼することが多く、家船に依頼するのはこの地方独特の風習である。家船は生涯を船上で暮らす漂泊の漁撈民であり、陸上民の目には異能の民と映ったのではないだろうか。家船は特殊であり、その特殊性ゆえにイダキという拾い親のような習俗が生まれたのだろう。仮の親子関係を結ぶ風習も同様である。家船の特殊性は船上で暮らすことにあり、陸上民からみれば、その生活は日常的にタマフリをしているように思われたのかもしれない。タマフリと船との密接な関係を考えればなおさらで、とくにイダキはタマフリ的な意味で行われたのではないだろうか。「イダキをやってもらう」とは、老人が子供を抱いて軽く揺することをいうのであろう。生後間もない嬰児の魂はまだ不安定で身体から抜けやすい。タマフリは魂を揺り動かして活性化させ、魂に活力を与えたうえで身体に鎮定させるのが目的である。魂は生命をつかさどるものであり、魂が活性化すれば身体も丈夫になる。イダキにはタマフリ的な意味があったのではないだろうか。家船と仮の親子関係を結んだり、ダキオヤを依頼したりするのはタマフリ的な効果を期待しているのでないかと思われる。これも古代のタマフリの名残といえよう。

これと似たような風習は長崎県壱岐にもみられる。ただ家船とは関係がなく、シガと呼ばれる魚行商人の担い籠に幼児を入れてかついでもらったり、あるいは強健な老人の茶売りの籠に入れてもらったりした(『児やらい』、一九九頁)。行商人や茶売りが籠をかついで歩けば籠が揺れる。籠は船と同じく母胎の象徴であり、このなかに幼児を入れてかついでもらうのは、揺れることに目を付けた風習であって、これもタマフリ的な効果を期待しているのだろう。

タマフリの風習は日本にかぎらないようで、これに似た風習はボルネオ島の少数民族にもみられる。フレイザーによると、カヤン川流域やメラウィ川下流のダヤク人の間では、子供のいる家には貝殻や干した果物をつけた奇妙な形の籠をよく見かけることがある。この貝殻には子供の臍の緒の残りが入っていて、貝殻を結びつけた籠は子供の眠る脇に吊るしておく。子供が入浴や雷雨などでびっくりすると、霊魂が身体から飛び出し、籠の中の臍の緒に寄り添う。母親は籠を振って子供の身体に押し付け、霊魂を身体に戻すのだという(『金枝篇－呪術と宗教の研究3』、五四頁)。籠を振るのは魂を揺り動かして落ち着かせるためであり、日本のタマフリにも通じる呪術といえる。

籠といえば、幼児を入れる専用のゆりかごがある。ゆりかごを揺すって赤子をあやしたりするけれども、ゆりかごこそタマフリの呪具という一面があったのではないだろうか。次に紹介する風習などはそのことを示唆しているようである。

トカラ列島の中之島では、六日目の命名式にイサと呼ばれるゆりかごのなかに生児を寝かせ、ヘソババがイサを動かしながら生児の名を呼ぶ風習がある(『児やらい』、五八頁)。ヘソババがゆりかごを揺らしながら赤子の名を呼ぶのはタマフリの儀礼とみることができる。名は人につけるのではなく魂につけるものであり、ゆりかごを揺らしながら赤子の名を呼ぶのは、本来からいえば赤子にではなく魂に呼びかけているのである。また魂は生命をつかさどるものだから、ゆりかごを揺らせば魂が活性化され、それが赤子の成長をうながすとも考えられたのであろう。ちなみに同じトカラ列島の小宝島では巫女がヘソババの役目をするといい、ヘソババはへその緒を切ることからこう呼ばれるようで、巫女がこの任に当たるところをみると、ヘソババには赤子の魂の管理者という役割があったらしい。ヘソババはいわゆる産婆のことで、産婆のルーツは巫女とされるから、この事例は巫女と産婆の関係を知るうえでも興味深い。

タマフリは衰弱した魂を揺り動かして活性化させるのが本来の目的である。したがってこれは広い意味での魂の死と再生の呪術であり、そう考えると、ゆりかごは一種の呪具とみられていたのだろう。ゆりかごの呪的な意味は洋の東西を問わず普遍的であり、たとえばオウィディウスの『変身物語』によれば、未熟児で生まれたバッコスはゆりかごで育てられたことになっている。母親の胎内から救い出された未熟児のバッコスは、「もしいいつたえを信じてよければ、父親の太腿に縫いこまれて、通常の胎内期間がみちるまで、そこで過した。そこからふたたび生まれ出た子を、はじめのうち、母親の妹イノーが、こっそりとゆりかごで育てた」という（一一一頁）。

魂が充実しない状態で生まれてきたのが未熟児である。英雄は二度生まれる（あるいは生まれなおす）という英雄誕生の定石どおり、未熟児で生まれたバッコスはいったん父親の太腿に縫いこまれたのち、再生をはたす。再生したバッコスがゆりかごで育てられるのは、さらに魂を充実させるためであろう。ゆりかごは日本風にいえばタマフリの容器であり、未熟児で生まれたバッコスをゆりかごで育てるのは、魂を充実させるためであり、ゆりかごが魂の死と再生にかかわる一種の呪具であったことを物語っている。

タマフリと退行

ゆりかごのほかにも嬰児を入れておく専用の籠がある。藁などで編んだ筒状の籠で、イズミ、イジコ、エズゴ、ツグラなど地方によってさまざまな名称で呼ばれている。子供が歩くようになるまではこのなかに入れて育てるといい、子供の面倒をみる老人や子守がいない家では、農作業が終わるまで一日中このなかに入れておくこともあった。興味深いのは東北の仙台地方の風習で、赤子をイジコのなかに入れて、これを梁から綱を下げてつるしておく。赤子が目を覚まして泣きだすと、イジコを押して動かしてやるという（『産育習俗語彙』、九六頁）。梁から綱を下げてつるされたイジコはゆりかごを思わせる。

また長野県下高井郡では、赤子や幼児を入れる籠はツグラといって、この下に棒を入れて揺すってやったりするという（同前、九八頁）。一見すると、これらの風習は赤子をあやしているようにみえるが、一皮むけば、ここにも古いタマフリの呪術が透けて見えるようである。赤子が泣き出すのは魂が不安定になったからで、イジコやツグラを揺するのは、魂を揺り動かして活性化し、体内に鎮定させるためだと考えられる。赤子をあやすのは魂にかかわる行為であって、日本人の古い感覚でいえば魂を揺り動かすことであり、これもタマフリの名残といえるだろう。母親が赤子を胸に抱きながら軽く揺すったりするのもこれと同じで、本来からいえば、魂を揺り動かすタマフリの呪術である。これが赤子をあやすことの原義であり、あやしているのは赤子自身ではなく、体内に宿る魂である。

先に述べたように、「母親 Mother を表すM（Ma）は波を表す表意文字」で、母親は波そのものであり、波は母親元型の具体的なイメージをあらわしている。ひょっとして、ゆりかごはおだやかな波のうねりを象徴化したものかもしれない。

これまではタマフリをする側を中心に述べてきた。逆にタマフリをされる側のことも考えてみたい。タマフリをされるといったいどんな状態になるのだろうか。これについてはホムチワケノミコの説話も『出雲国風土記』も何も語っていないので、さしあたっては別の方面から検討を加えるしか手立てはない。手がかりとして、私は浦島子《うらのしまこ》説話を取り上げてみたいと思う。よく知られているように、この説話は浦島太郎の昔話の原作であり、話の内容にいたっては説明するまでもないだろう。タマフリのテーマに絞っていえば、島子がひとり小船に乗って海で釣りをしている場面に注目したい。『丹後国風土記』逸文には浦島子説話が記載されているので、それにしたがうと、「独《ひとり》小船に乗りて海中《うみなか》に汎《うか》び出でて釣りするに、三日三夜《みかみよ》を経《ふ》るも、一つの魚《うを》だに得ず、云々」とある。島子はひとり小船に乗って海の真ん中に浮かんで釣りをしたが、三日三晩たっても魚は一匹も釣れなかったという。このときの島子の精神状態は「退行」という心理学の概念で説明すると理解しやすいようである。河合隼雄氏は浦島太郎の昔話を分析しているので、まずは河合氏の説明に耳を傾けることにしよう。「海は測り知れぬ拡がりと深さをもち、その内に無尽蔵のものを宿すという意味において、無意識そのものを表している。その海の上にひとり、孤独な状態にあり、しかも魚も釣れないというのは、心理学でいう『退行』を示すイメージとして、まことにふさわしいものである」（『昔話と日本人の心』一四八頁）。

退行は心的エネルギーが低下したときに起きる現象で、それにともない無意識の活動が活発になる。端的にいえば意識がもうろうとした状態、あるいは入眠時における夢とも現《うつつ》ともつかない半醒半睡の状態といってもいい。大海原にひとり小船を浮かべて三日三晩、釣り糸を垂れているが魚は一匹も釣れない。海という水平面だけがかぎりなく広がる単調な風景、それに魚が釣れないという状況が反復的に繰り返される。空間的にも時間的にも単調な状況におかれると、心的エネルギーの停滞が生じる。島子の心理状態を退行という概念で説明すると、なるほどとうなずける。

このときの島子の心理状態はタマフリを考えるうえで参考になる。船は母胎や子宮の象徴であり、小船に乗った島子が釣り糸を垂れながら海上に浮かんでいる状態は、タマフリのために二股小舟にのせられたホムチワケノミコトの場合とよく似ている。波に揺られているうちに、しだいに心的エネルギーの停滞が生じる。心的エネルギーの停滞は意識のはたらきが低下するという意味であり、それに反比例するように無意識の活動が活発化する。ホムチワケノミコトの場合もこれと同じような心的状態にあったと考えられる。二股小舟にのせられ、波に揺られているうちに、ホムチワケノミコトの意識はもうろうとなり、一方では無意識のはたらきが活発になる。古代人は無意識の活動を霊魂のなせるわざと考えていたようだから、このときのホムチワケノミコトの霊魂もまた活発に発動していると信じられたのだろう。タマフリは魂を揺り動かして活性化させることであり、結果的にみれば、タマフリをされた本人の心理的状態は心理学でいう退行の現象によく似ていることがわかる。

浦島子の話に戻ると、心的エネルギーの低下した島子の身に何が起きたかは周知の通りで、その直後に島子は一匹の亀を釣り上げる。亀はたちまち美しい女性に変身したかと思うと、島子を常世へ誘う。常世は海底に比定された理想郷で、竜宮ともいう。『続日本後紀』が伝える浦島子は「澄の江の淵に釣りせし云々」とあり、淵が竜宮に通じていることを示唆しているし、島子は淵の底から竜宮に渡ったことが想像できる。竜宮は海底にある理想郷で、海水を羊水とみれば、そこは羊水に満たされた子宮に似た世界をイメージすることができるだろう。竜宮とは要するに母胎や子宮をイメージした楽土のことで、すると島子が常世へ渡った話とは、実は一種の胎内回帰とみることもできるし、その意味でも、タマフリを考えるうえで浦島子説話は参考になる。

「明恵上人樹上坐禅像」

胎内回帰をテーマにした小説や絵画にはかならずといっていいほど「水」が出てくる。絵画では水を中心に描かれることが多く、小説でも水やそのイメージを契機に物語が展開されるようである。泉鏡花の作品などはその典型といえるだろう。また鎌倉時代の名僧、明恵上人の「明恵上人樹上坐禅像」にも胎内回帰的なイメージが感じられるが、ただ水は出てこない。水のかわりに樹木、石、岩などがそのイメージを形成するうえで大きな要素を占めているようである。そのあたりを中心に「明恵上人樹上坐禅像」を少し詳しくみていくことにしよう。

明恵房高弁《みょうえぼうこうべん》は承安三年（一一七三）に生まれ、貞永元年（一二三二）に六〇歳で入滅している。鎌倉時代初期を代表する名僧の一人で、その生涯の多くを京都の高山寺で修行した。明恵は高山寺の裏山を楞伽山《りょうがせん》と呼び、山中にある一株の松を縄床樹《じょうしょうじゅ》と名づけ、そこに坐して坐禅するのを日課とした。「明恵上人樹上坐禅像」はその坐禅する姿を描いたものである。よく見ると、縄床樹は根元が二股に分かれていて、明恵はその二股のところに坐して瞑想にふけっている。明恵はこの松の木をとくに好んだといい、『梅尾《とがのお》明恵上人伝記』によれば、

一株《いっしゅ》の松《まつ》あり、縄床樹《じょうしょうじゅ》と名《な》づく。其《そ》の松《まつ》の本《もと》二重《ふたへ》にして、坐《ざ》するに便《たより》あり。常《つね》に其《そ》の上《うへ》にして坐禅《ざぜん》す。

（『明恵上人伝記』、一五二頁）

明恵上人樹上坐禅像
国宝 高山寺蔵

とあり、その松の根元のところが二つに分かれていて「坐するに便あり」、つまり坐るのに便利であったので上人はその上で坐禅をされたのだという。「坐するに便あり」とはどういう意味だろうか。その答えはおのずから坐禅像のなかにある。

松の木は広大な自然のなかの一部であり、その松の根元に坐して坐禅する明恵もまた自然の一部と化しているようにみえる。自然の懐に抱かれるように坐禅する明恵の姿は円満具足しているともいえよう。栗田勇氏は「明恵上人樹上坐禅像」にふれて、「…松の巨大な枝の二又に坐禅し、その自然に溶けこみ、宇宙と一体化した上人は、もはや人

間臭さをはなれて、まわりに小鳥が遊びさえずり、なにひとつ恐れることがない」と述べている（『良寛』、三二〇頁）。縄床樹は明恵が自然の懐に回帰するための中心的な位置を占めていたのであり、「坐するに便あり」とは、ただ坐るのに便利である、都合がいいという意味ではなく、自然のなかに身を置くのにふさわしいという意味であろう。松の木は自然の一部であり、その根元の二股のところに坐す明恵はまさに自然のなかに溶けこみ、自然と一体化しているようにみえる。

この坐禅像には多くの樹木が描かれていて、縄床樹はなかでも異彩を放っている。一般に樹木の幹には母胎という意味があり、幹が二股に分かれたところは女性のシンボル（陰門）をあらわしている。縄床樹は二股といっても通常のY字形とは違い極端にデフォルメされ、ほとんどU字形に近く、いささか不自然なかたちをしている。根元からU字形に分かれた二本の幹の間にすっぽりと包まれるように明恵は坐している。それはほとんど容器のなかに収まっているような印象さえ受ける。容器といえば、まず母胎を連想させるし、明恵は二股の木に坐しているというよりも、まるで母胎のなかに包まれているようにもみえる。明恵の坐禅には一種の胎内回帰的な意味合いがあったのではないだろうか。母胎は死と再生のエネルギーを封じ込めた容器であり、明恵は坐禅をするたびに母胎に回帰し、そしてふたたび生まれ変わるという死と再生を疑似的に実践していたのではないかと思われる。

白洲正子氏も「明恵上人樹上坐禅像」にふれながら、「上人は木の中から生まれたといった工合にしっくりはまりこんでいる」（『明恵上人』、一九頁）と述べているが、まことにその通りで、明恵にとって、坐禅とは一種の胎内回帰であり、坐禅をするたびに母胎からあらたに生まれるのである。木は母胎の象徴であり、木のなかから生まれるのも、母胎のなかから生まれるのも同じである。木のなかから生まれるのは、自然のなかから生まれるという意味でもあり、そこには日本土着の自然観や死生観が反映されているように思われる。明恵の思想には日本古来の自然主義的な他界観や死生観がみられるようで、縄床樹という二股の松の木に坐して瞑想する明恵の姿はその象徴ともいえる。

夢と坐禅

明恵が好んで坐禅をしたのは二股の松の木だけとはかぎらなかった。「…木《き》の下《した》、石《いし》の上《うえ》、木《き》の空《うつほ》、巌窟《がんくつ》などに終日終夜《ひねもすよもすがら》坐《ざ》し給《たま》へり。すべて此《こ》の山《やま》の中《なか》に面《おもて》の一尺《しゃく》ともある石《いし》に、我《わ》が坐《ざ》せぬはよもあらじとぞ仰《おほ》せられける」（『明恵上人伝記』、一八四頁）といって、縄床樹のほかに、木の下、石の上、木の洞、岩穴などにも昼夜を問わず坐して坐禅をした。この山の中で一尺（三〇センチ）ほどの大きさの石で坐ったことがないものはないとまで言っている。明恵は石の上でも好んで坐禅をしたらしい。二股の木といい、石、木の洞、岩穴といい、これらはみな女性原理や母性原理の具体的なイメージをあらわしていて、明恵が女性的なもの、母なるものに抱かれるように瞑想していたことは注目すべきである。

明恵の生涯を語るうえで坐禅のほかにもうひとつ忘れてならないものがある。夢である。明恵はみずから見た夢を丹念に記録にとどめたことでも知られる。それが『夢記』で、これは一九歳から入寂する一年前の四〇年にわたる夢の記録であり、明恵がいかに夢を重視していたかがわかる。明恵にとって夢はたんなる架空の話や絵空事ではなく、現実と同じくらいに重要な意味をもっていた。明恵の生涯は夢を抜きに語ることができないといわれるゆえんである。明恵の夢は深層心理学的にも興味深いものがあり、河合隼雄氏も明恵の夢について一書をものしている。河合氏によると、明恵の夢は「…覚醒時の生活と見事にまじり合って、ひとつの絵巻を織りなしているのである。彼の生涯は夢と現実とをそれぞれ縦糸横糸として織りあげた偉大な織物のようであり、分析心理学者のユングが個性化、あるいは、自己実現の過程と呼んだものの素晴らしい範例であるとさえ感じられる」という（『明恵　夢を生きる』、七－八頁）。明恵にとって、夢と現《うつつ》は相互に影響をあたえながら一つの現実を紡いでいたのである。夢と現は少なくとも同じ位相の出来事であり、明恵の一生はまさに「夢を生きること」にあったといえる。

一口に夢といっても、明恵が生きた鎌倉時代と現代とでは夢の考え方に大きな違いがある。夢は言うまでもなく睡眠中に見るもので、現代の睡眠と夢の研究によれば、睡眠には「レム睡眠」と「ノンレム睡眠」の二種類がある。私たちが眠りに落ちると、最初はノンレム睡眠にはじまり、眠りが深くなるにつれレム睡眠に変わる。その後はレム睡眠とノンレム睡眠がほぼ九〇分周期で繰り返されるという。これが一般的な睡眠のパターンである。レム睡眠というのは、肉体は眠っていても脳はなかば覚醒状態にあり、夢を見るのはこのときである。ただ脳がなかば覚醒状態にあるといっても、意識はほとんどなく、無意識の状態である。意識の活動が低下する一方で、逆に無意識の活動が活発になる。夢はこのような状態のときに見るわけで、要するに夢は無意識の活動と深くかかわっているが、古代人はこの無意識の活動を霊魂のなせるわざと考えていたようである。言い換えれば、無意識の活動を支配するのは霊魂であり、眠りと霊魂のはたらきは不即不離の関係にあるとみられていた。眠っているあいだ魂のはたらきは活発になり、ついには肉体から遊離してしまう。そして魂はさまざまなところへ行き、さまざまなことを見たり聞いたりしてくる。肉体に戻った魂は、みずから見聞したことを夢として人間に見させるのである。魂が見聞したり体験したりしたことは、魂からみれば現実そのものに違いないけれども、逆に人間からみれば非現実であり、ゆえにそれを夢と呼ぶのであろう。夢は人間からみれば現実とは違うもうひとつの現実、つまり非現実にほかならないからだ。意識が覚醒している状態で見ているのは現実の世界で、意識が眠っている状態で見ているのは非現実の世界であり、これが夢である。

このことは「夢」という漢字や言葉の成り立ちをみてもわかる。かつて夢は「イメ」と発音された。『字訓』はイメに「寝目《いめ》」の漢字をあてている（一二三頁）。また『説文解字』は夢を「寐《い》ねて覺《さ》むることあるなり」と説明し、寝ていて目覚めることが夢だという。まさに夢は寝ている目、つまり「寝目」であって、目覚めているとき見ているのが現実だとすると、寝ているとき目覚めて見ているのが夢である。夢は現実に対するもうひとつの「現実」とみられていたのである。こうした夢の考え方は中世にも少なからず受け継がれていたようで、明恵の夢もこれに近いものがあり、夢は現実に匹敵するほどの重みがあったのである。

夢は私たち自身が見るのではなく、肉体から遊離した魂が見させてくれるものだとして、一方では夢を送ったり、託宣を下したりする神がいる。西郷信綱氏によれば、それは大地に属する神々であり、「夢は大地の神々の贈りものであった」という（『古代人と夢』、一一五頁）。古代ギリシアの詩人エウリピデスは「夢は大地の息子である」と語ったとされるが（アンジェロ・ブレッヒ「ギリシアの宗教的世界観における夢の役割」）、これも夢が大地と深くかかわっていることを示唆している。地下にはハデス（冥府）があり、ハデスの闇は夢とも結びつき、夢はその闇から紡ぎ出される。夢は闇の想像力の産物であり、つまりはハデスの従者が運んでくるとも考えられたらしい。

ともかく夢を受け取るのは私たち自身ではなく魂であり、夢は大地の神々と魂との交信でもあった。神から意思を告げられることがあれば、それが託宣である。夢のなかで語られることから夢託とも夢告ともいう。西郷氏は「天皇は夢想において神々と交流する特権者であった」（同前、四六頁）というけれども、神々と交流する特権者という点では、明恵の生き方もこれに近い。明恵がとくに帰依したのは春日明神と住吉明神であり、明恵の夢のなかでもしばしば現われては託宣をくだしている。

春日明神の神託にまつわる明恵の興味深い逸話が残されている。河合隼雄氏によると、明恵の釈迦に対する思いは強く、神護寺の釈迦如来に宛てて手紙を書いているほどだという。その思いが募って天竺行きを計画するのだが、夢のなかに春日明神が現れ、天竺行きを中止せよとの神託をくだす。そして明恵は神託どおりに計画を中止したという（前掲書、一六四頁）。神託にしたがって計画を取りやめるのは、いかにも明恵らしい判断である。明恵は夢を宗教的体験として受け止めたのである。

大地の神々と交流する

宗教的体験といえば、明恵が入山してすぐに見た夢も暗示的である。明恵が仏典について勉学を開始したころ、不明なところを当時の碩学、賢如房律師尊印に尋ねるが彼も答えられない。ところがその夜、明恵の夢に一人の梵僧が現われて、不審なところを一つひとつ説き明かしてくれたという（同前、五一頁）。目覚めているときにわからなかったことが、夢のなかでヒントがあたえられるという経験は誰にもあるだろう。これは別に不思議なことではなく、夢は私たちの無意識の活動と深くかかわっていて、夢のなかでヒントが与えられるのは、無意識の世界から送られてくるメッセージと思えば納得がいくはずである。古代人や中世人はそれを神々から送られてくる情報ととらえ、現実にまさるとも劣らない体験として重視した。神々から送られてくるメッセージや情報は夢託であり神託であり、とくに明恵の場合は、彼が信奉する華厳の教えとしてそれを受け取ったのである。

西郷信綱氏が言うように、「夢は大地の神々の贈りものであった」とすると、夢の通い路が想定される。夢は大地の奥底から送られ、大地の入り口を通って人間に送り届けられると信じられたのだろう。樹木は地上と地下の接点に位置することから境界とされた。樹木は地下への入り口であり、ここが魂の通い路とみなされたとしても不思議はない。たとえば樹木は根を通じて大地とつながっているが、根の先端から吸い上げられた水は導管を通って葉まで運ばれる。静かな森や林のなかで樹木の幹にそっと耳を当ててみると、導管のなかを通る水の音がかすかに聞こえる。もしかしたら、古代人はこの音を大地の底から送られてくる信号として聴いたのかもしれない。ともかく樹木は根を通じて大地とつながっていて、とくに二股の木は大地の入り口とみなされた。明恵が縄床樹という松の根元の二股に分かれたところに坐して瞑想しているのも暗示的である。そこが大地の入り口であることを明恵は自覚していたはずである。「明恵上人樹上坐禅像」をよく見ると、明恵の目はなかば閉じられ、瞑想しながらみずからの魂を自由に解き放し、大地の神々との交流を楽しんでいるようにも感じられる。

明恵の坐禅は夢なくして語ることはできないし、坐禅と夢は相互に交流しながら明恵の宗教体験を紡いでいたのである。昼間の坐禅は、夜間に夢を見るためのいわば準備運動であったとさえいえる。大地の神々から夢をさずかるために、昼間のうちから魂を活性化させる。明恵の坐禅には、みずから魂のはたらきを活発にして、大地の神々との交流を促すという意図があったように思われる。魂と肉体の関係でいえば、肉体のはたらきは弱まり、その反面、魂のはたらきは活発になる。それは夢とも現ともつかない半醒半睡の状態に近く、それでいて現実や社会生活との接触は維持する。この状態を恒常的に保つことが明恵の坐禅ではなかったろうか。そこから見えてくるのは、昼夜を分かたず宗教的体験に明け暮れる明恵の姿であり、寝ても覚めても、明恵はそのことに身をささげたのである。

明恵は縄床樹のほかに、木の下、石の上、木の洞、岩穴などでも好んで坐禅をした。これらは二股の木と同じくいずれも大地の入り口であり、他界への参入口である。なかでも興味深いのは木の洞で、ここが他界へ通じていることは昔話やお伽噺の世界でも暗示されている。たとえば昔話の「瘤取り爺さん」には木の洞で雨宿りをする場面がある。山へたきぎ取りに行った爺さんがにわか雨にあい、大きな杉の木立の根元にある洞穴のなかで雨宿りをしているうちに眠り込んでしまう。目を覚ますと、あたりはもうすっかり夜の帳がおりて、鬼が酒盛りをしている最中である。鬼はあの世の者だから、ここが他界であることを示している。別の言い方をすれば、爺さんは他界の時間のなかに入り込んでしまったのである。いずれにしても、爺さんは木の洞のなかで眠っているうちに他界に再生したのである。正確にいえば、他界に再生したのは爺さん自身ではなく、その魂である。他界は現世と違って魂の安住する世界であり、魂と肉体の統一体である人間は生身の状態で他界へ渡ることはできない。他界に再生したのは爺さんの魂であって、眠っているうちに、爺さんの肉体から離脱した魂が他界へ抜け出たのである。爺さんの肉体は眠ったままで、魂が目覚めて鬼の酒盛りを見ているのである。

先ほども言ったように、夢は魂が見させてくれるものであり、魂が体験したことを人は夢として見るのである。すると爺さんが見ている鬼の酒盛りをはじめそこで体験したことは、実は人が寝ているあいだに見る夢と何ら変わりがないことになる。夢は寝ているときに見るものであり、他界へ渡るときまって目をつぶるようにいわれたり、眠るようにいわれたりするのもそのためで、眠りは他界へ抜け出るときの通路であり、手続きでもあった。

昔話の瘤取り爺さんは木の洞のなかで雨宿りをしているうちに眠りこんでしまう。木の洞と眠りの関係は、そのまま明恵の坐禅にも通じるように思われる。明恵は縄床樹にかぎらず木の洞でも好んで坐禅をした。木の洞は大地の入り口であり、他界に通じている。とくに胎内のイメージが濃厚に感じられるのも木の洞の特徴である。「明恵上人樹上坐禅像」に描かれた縄床樹は極端にデフォルメされ、二股の木でありながら、一方では木の洞のイメージを喚起させる。そこに坐して瞑想する明恵の姿は、さながら母胎のなかの胎児のようである。縄床樹をはじめ、明恵が好んで坐禅をした木の洞、石の上、岩穴などはみな大地の入り口であり、要するに夢の通い路であって、明恵における胎内回帰のイメージは、もっぱら夢の世界に遊ぶことに収斂していくように思われる。

二股の木の上で往生する

明恵が二股の木の上に坐して坐禅するのを日課としたのは、そこが境界であったからで、二股の木や木の股が境界であることを示す神話や説話も少なくない。第一章でふれたように、『古事記』には兄弟の神々の迫害から逃れてきた大国主神をオホヤビコが木の股から抜け出させて根の国へ逃がした話が語られていた。木の股が現世と他界の境界であることを示す興味深い話である。木の股の境界性は中世に受け継がれていくが、「明恵上人樹上坐禅像」に描かれた二股の木はその一例である。そのほかにも二股の木の境界性を象徴する説話が『今昔物語集』巻第十九に記載されている。これは二股の木の股のところに坐して往生する話である。

讃岐国の源大夫は極悪非道な悪人で、毎日のように殺生を繰り返していた。山野に行っては鹿や鳥を狩り、海や川に行っては魚をとるだけではない。人の首を切ったり、けがをさせたり、悪事のかぎりをつくし、周囲からは恐れられていた。ある日のこと、源大夫はいつものように家来を四、五人連れて鹿狩りに行った帰りに、御堂の前を通りかかると、堂内では法会が行われていた。どういう風の吹きまわしか、説法などまったく縁のない源大夫はいちど聞いてみたくなった。居並ぶ聴衆をかき分け、高座の脇にどっかとすわり、講師《こうじ》の僧侶をにらみつけるように話を聞いているうちに、しだいに仏性の心が芽生え、ついには出家を思い立つ。その場で髻《もとどり》を切り、剃髪して僧侶から戒を受けた。こうして入道になった源大夫は金鼓《こんぐ》をたたき、念仏を唱えながら西方に向かい、最後は二股の木にまたがったまま往生する。『今昔物語集』から往生の場面を引用してみよう。

前《さき》ノ如《ごと》ク木《き》ノ胯《また》ニ西ニ向《むかひ》テ、此《こ》ノ度《たび》ハ死《にし》テ居《い》タリ。見レバ、口ヨリ微妙《めでた》ク鮮ナル蓮花《れんげ》一葉生《いちようおひ》タリ。

口からは鮮やかな美しい蓮の花が一葉生えていたという。蓮の花は極楽往生したことのあかしである。源大夫がめざしたのは極楽浄土である。極楽浄土は西方浄土ともいわれ、この世から西方に十万億の仏土をへだてた彼方にあるという阿弥陀仏の浄土である。源大夫が二股の木にまたがって往生を遂げるのは、そこが西方浄土への入り口と信じられていたからで、木の股の境界性は中世に受け継がれていたことがわかる。それと同時に見逃せないのは、境界をめぐる他界観に変化がみられることである。古代では木の股は地下世界の入り口という意味合いが強かったが、二股の木にまたがった源大夫のまなざしははるか彼方の西方浄土に向けられている。ここでは木の股は西方浄土の入り

『弘法大師行状絵詞』　重文 東寺蔵
上）巻二第八段「久米感経」下）巻二第七段「釈迦湧現」

口であり、二股の木を軸足にしてみれば、ここに古代的な他界観の中世的な展開をみることができるだろう。他界は地下ではなく、十万億の仏土をへだてた西方に想定されるようになったのである。

二股の木が西方浄土への入り口と信じられていたことを示す資料はほかにもある。中世に描かれた絵巻である。工藤健一氏によると、『弘法大師行状絵詞』には、いくつかの場面で二股の松が象徴的に描かれているという（「描かれた樹木」）。たとえば巻二第八段の「久米感経」は大師が夢告によって大日経を感得する大和の久米寺を描いたもので、塔のなかで看経に励む大師の姿が見える。塔のかたわらには大きな二股の松が描かれ、この松をいわば回路にして大師は夢告を受け取ったとみることができるし、二股の松は境界を象徴しているようである。

また巻二第七段「釈迦湧現」にも二股の松が効果的に描かれている。讃岐国屛風浦は大師生誕の地だが、この地で大師が修行していると、忽然と釈迦が現れる。画面右には合掌する大師の姿が小さく描かれ、これに対峙するように、左の山上に釈迦の姿が描かれている。そして大師と釈迦の間には大きな二股の松が描かれ、この松を回路にして釈迦が出現したことを暗示しているようである。ここでも二股の松は境界のシンボルとして描かれているとみていい。さらに絵巻をよく見ると、この画面は二つの空間に描き分けられていることがわかる。ひとつの画面に二つの空間が同居している。大師のいる空間と、釈迦が出現した空間とは明らかに異質であり、別の空気が流れている。日常的な空間と非日常的な空間がせめぎあい、この二つの異質な空間をつなぎとめているのがほかならぬ二股の松である。ここに描かれた二股の松は明らかに両義的な意味を帯びていて、その意味でも境界のシンボルと呼ぶのがふさわしいだろう。

それにしても、同じ二股の松でも『弘法大師行状絵詞』が描く二股の松と、「明恵上人樹上坐禅像」が描く縄床樹の松との違いは大きい。明恵は縄床樹の松の根元の二股のところに坐して瞑想している。この場合の松は境界の象徴というよりも、境界そのものであり、即物的な意味での境界と呼ぶことができるだろう。一方の『弘法大師行状絵詞』の松は境界のシンボルであり、それ以上でもなければそれ以下でもない。エレミーレ・ゾラは「シンボルと感情とが融合するときに元型がさし迫ってくる」(『元型の空間』、一四二頁）というが、明恵の縄床樹の二股の木はシンボル以前の何かを私たちに訴えかけてくるようである。あるいはシンボルになる前の元型的なイメージを呼び覚ますと言ったらいいだろうか。松の木が極端にデフォルメされているのもその印象を強めているし、同じ二股の松でも、描き方によってその印象がずいぶん違ってくる。描き方の違いは、明恵と空海という二人の思想家の自然観や宗教観の違いでもあるだろう。明恵の思想には日本土着の自然観や他界観がみられるけれども、それは縄床樹という松の木の描き方に端的にあらわれているようである。

樹木の両性具有的な性格

二股の木は境界のシンボルであり、これは伝説や絵画の世界だけでなく実際にも利用されたらしい。菅江真澄の「けふのせば布」には、二股の木に関する興味深い話が記されている。それによると、かつて岩手県の和賀郡と江刺郡のあいだで久しく境界争いが続いていたが、ようやく和解にこぎつけ、境界に二股の木を植えたという（『菅江真澄遊覧記』

1、一九四－五頁)。これは二股の木に境界を標示する象徴的な意味があったことを示している。この場合の二股の木は領地の境界を標示すると同時に、長年にわたる境界争いの和解のシンボルであり記念碑でもあったのだろう。

一部は全体を象徴する。とくに信仰の世界ではこの傾向が顕著にあらわれる。エリアーデの言葉を借りると、一部は全体に匹敵し、俗なるものが聖なるものに転換されるという「聖の弁証法」が成立するのである(『豊饒と再生』、二六一頁)。古代的な発想では、二股の木は地上と地下を結ぶ境界であり、二股の木に似たもの、あるいは二股の木をかたどったものにも同じく境界的な意味が発生すると考えられた。

たとえば昔はマタブリといって先が二股に分かれた杖が多く用いられた。中世の絵巻には、マタブリの杖を突いて歩く老人の姿がよく描かれている。マタブリは股になった木の枝を適当な長さに切り落として杖にしたもので、先を上にして突くこともあれば、逆さにして突くこともあった。マタブリで井泉を探り当てたという伝説が多く語られていることから明らかなように、とくに二股の部分に地を相する呪力があると信じられたらしい。二股の杖は西洋では占杖といい、やはりこの杖で地下水や地下鉱脈を探るのに使われた。マタブリも占杖も二股の杖であり、洋の東西を問わず木の股には呪力があると信じられた。地下世界は水界を含む豊穣の世界であり、二股の木は地下世界に通じているから、それをかたどった二股の杖で地を突けば、地下水や地下鉱脈を探り当てることができると考えられたのである。マタブリや占杖は二股の木のシンボルであり、これも一部は全体を象徴するという聖の弁証法の具体例ということができる。

マタブリや占杖で地下水を探り当てるという伝説には、さらに古い神話的なモチーフが隠されているようである。『ギリシア神話』に登場するポセイドンは海の神であると同時に水の神でもあり、その威力の象徴は三叉戟《みつまたほこ》であらわされる。三叉戟も占杖やマタブリと同じく杖の一種である。ポセイドンはサチュロスの攻撃からダナイオスの娘を護るために三叉戟を投げつけると、岩に突き刺さり、それを引き抜くと、三本の細い流れが噴出し、それがレルネの泉になった。バシュラールはこの神話にふれて、杖は男性の荒々しさで行使されるといい、「英雄のきわめて男性的な行為によって泉が挑発されるために、泉の水がとりわけ女性の水であることにひとは驚かないはずである」と述べている(『水と夢』、二二五頁)。三叉戟は男性のシンボルであり、それが岩に突き刺さって噴出させた泉の水は女性原理の具体的なイメージをあらわしている。ここにみられる神話的モチーフは、マタブリや占杖で地下水を探り当てるという伝説にもそのまま受け継がれていることがわかる。

日本では弘法大師が行く先々で杖を突きたてると、泉が湧きはじめたという「弘法清水」の伝説がとくに有名である。杖を男性のシンボル、水を女性原理の具体的なイメージのあらわれとすれば、杖を突きたてるという男性的な挑発行為によって水が湧き出すことは明らかである。ここにも神話的モチーフの残映がみられるのは興味深い。

マタブリや占杖はもっぱら男性的な意味を帯びている。しかしこれらはもともと二股の木をかたどったものであり、二股の木は女性のシンボルであるから、マタブリと二股の木は似て非なるものといわざるをえない。かたちは似ていても、その意味するところは正反対であるからだ。これは一見すると矛盾しているように思われるかもしれない。しかし本来からいえば、樹木そのものが両性具有的な性格を帯びていて、二股の木は女性的な性格を、マタブリは男性的な性格を付与されたと考えればいいわけで、樹木の両性具有的な性格についてはユングが『変容の象徴』のなかでいくつも例をあげている。たとえばラテン語の樹木の名は男性の語尾をもちながら、文法上の性は女性であり、またヴァティカンのある手稿に描かれたアダムの図には、木そのものがペニスとして描かれているという(『変容の象徴』上、四三三頁)。日本のマタブリと二股の木の関係も樹木の両性具有的な性格のあらわれとみることができるし、これもまた神話時代の名残といえる。

犬卒塔婆と二股の木

かたちはマタブリに似て、用途がまったく異なるものにいわゆる犬卒塔婆がある。これは先の方が二股に分かれた長さ六〇センチほどの木の棒で、片面を削り経文を書いて立てる。関東地方から福島県、宮城県あたりにみられる風習である。一般には難産で死んだ犬を供養するためだといわれるが、この説はにわかには信じがたい。元来、犬は産が軽いことで知られるし、いわんや難産で死ぬ犬はむしろまれであろう。柳田国男の「犬そとばの件」という短文には、犬卒塔婆が一箇所に何十本も立ててある例を知っているとあるから、難産と犬を結びつける根拠はますます薄弱と言わざるをえない。さらに柳田によれば、犬卒塔婆を立てるのはもっぱら女性であり、子安講や子安様の日に立てることが多いという(『定本柳田國男集』第一三巻、三三二頁)。子安講は子安神を祀る婦人たちによる講で、子安神は子授け、安産の神として知られる。そして犬供養といって、二股の木や二股になった木の棒を子安神の石塔のかたわらに立てる風習があり、これをいつの時代からか犬卒塔婆と呼ぶようになったらしい。

犬供養と二股の木がなぜ結びつくのだろうか、また二股の木をなぜ犬卒塔婆と呼ぶのだろうか。犬卒塔婆については千葉徳爾氏も『民俗学と風土論』のなかで言及している。千葉氏の説を要約すると、おおよそ次のようになる。茨城県の筑波には十九夜講という民俗行事があり、出産年齢の女性がヤドに集まり、唱えごとをして食事をともにする。この行事にともない、ザクマタ、あるいはザガマタといって、二叉の木(二股の木)を立てて祀る儀礼も行われる。ザクマタは犬卒塔婆ともいい、犬が死ぬと、十九夜講で供養して安産を祈る土地が多い。同時に道路の三ッ叉(三俣)に犬や猫の死骸を埋める習慣もあり、そこにもザクマタを立てて、白く削ったところに「如是畜生発菩提心」などと書いてあるのを見かける。この風習は筑波にとどまらず栃木県から千葉県にまでおよんでいる。犬は現世と他界を結ぶ使者であり、これは東アジア一帯に広く分布する信仰であり、中国西南部の少数民族のなかにはイヌから生まれた子孫と称する人々がいる。犬は子供の魂をあの世から運んでくるとも考えられ、「三ッ叉は人間や動物が産まれる、あるいは霊魂がそこから出てくる場所の象徴」とされ、このことから、犬は子を授けると同時に安産の守りとされたのではないかという（『千葉徳爾著作集』第二巻、一四八頁）。

犬はこの世とあの世を往還する動物で、とくに子供の魂を運んでくるという千葉氏の指摘に注目したい。すでに紹介したように、二股の根を割ると、そこから白犬が生まれるという山形県の昔話もある。二股の根も境界であり、そこから白犬が生まれるのは、白犬があの世からやってきたという意味にもとれる。犬はこの世とあの世を往還する霊獣であり、とくに赤子の魂をあの世から運んでくる使者とみられていたのだろう。

犬がこの世とあの世を往還する霊獣とされたのは、おそらく死者の葬送儀礼に犬が深くかかわっていたことと関係があるのだろう。かつて京都にあった化野《あだしの》や鳥部野《とりべの》は葬所として知られていた。『餓鬼草紙』や『北野天神縁起』などの中世の絵巻には、化野や鳥部野とおぼしき葬所を描いた場面がある。たとえば『北野天神縁起』巻八にも葬所の場面があって、ムシロの上に着物を一枚かけただけの屍体が横たわり、カラスと野犬が死体をつついている。その下には犬にほとんど食い尽くされた死骸がころがり、無残な光景をさらしている。これらの死骸は一般の庶民であろう。とくに病死者、身寄りのない者、下層民などの屍体は葬所に放置したまま野犬の餌食になるにまかせていたようである。肉が食いつくされて骨だけになると、死者の魂は肉体から解放され、あの世に旅立つことができる。犬が屍体を食いあさる光景は残酷だが、これは死者の魂を肉体から解放するためであって、犬にはその役割が期待されていたようである。屍体を葬所に放置したままにするのは、そのためだと考えられる。このことから犬は死者の魂をあの世に送り届ける霊獣とみなされ、逆にあの世から魂をこの世に運んでくる使者とも信じられたのだろう。

犬が葬送の習俗にかかわっていたのは日本だけではなかった。イランでは、死者を埋葬する習慣が一般化しても、埋葬する前に死体を犬に引きちぎらせることが必要だと考えられた。これは昔の習俗の名残だという。また、天国に向かう途上にある霊魂は犬を連れた女神に出会うともいう。これは犬が死者の魂を天国に導くことを示唆しているようである。北欧神話では、女神ヘルは死者の肉体を食べて、その霊魂を楽園に案内する「月のオオカミ―イヌ」を生んだとされる（バーバラ・ウォーカー『神話・伝承事典』、一九八頁）。

またマンフレート・ルルカーによれば、チベット僧院では、「死んだ僧の肉で聖なる犬が飼育されている」といい、カムチャッカ半島では、「立派な犬に食べられれば必ず天国に行ける」といわれているという（『シンボルのメッセージ』、四一二―一三頁）。このように死者の葬送儀礼に犬が関与している例は海外にも多くみられ、犬は死者の魂を肉体から解放し、他界へ送り届ける霊獣と信じられていたようである。

話を日本に戻すと、千葉徳爾氏がいう「道路の三ッ叉」は要するに衢であり、ここは境界とされた。かつて境界には死者が埋葬されたこともあったらしい。たとえば『日本霊異記』上巻第三が語る道場法師の説話には、衢に罪人を生きたまま埋めた話があり、罪人は死後、守護霊として境界を守ったのである。道路の三ッ叉に犬の死骸を埋めるのはその名残であり、犬の霊魂が境界を守護するという意味があるのだろう。もとは犬を生贄として埋めたのかもしれない。そこに二股の木を立てて、これを犬卒塔婆と呼ぶのはそのことと関係があって、道路の交差する衢には犬の死骸が埋められ、犬が境界を守護するとみられていたのだろう。二股の木は境界のシンボルであり、それをいつのころからか犬卒塔婆と呼ぶようになったのではないだろうか。ここに二股の木と犬卒塔婆が結びつく機縁があったように思われる。

二股の木には境界という意味のほかに女性のシンボルという意味もある。先に紹介した滋賀県高島郡あたりで行われている風習でも二股の木が信仰の対象とされていた。そこでは二股の木に石、餅、洗米、甘酒などを供える風習があって、こうすれば十分に乳が出るようになるという。これは二股の木を女性のシンボルに見立て、その多産性や豊饒性を祈願する信仰である。子安講や子安様の日に立てる犬卒塔婆には子授けや安産の守りという意味があるが、同時に女性のシンボルという意味合いも感じられる。犬卒塔婆には境界性のほかに、多産性や豊饒性などさまざまな意味が複合されていると考えるべきであろう。二股の木の信仰のルーツは木俣神にあるようだから、木俣神はさまざまに変貌を遂げながら、その血脈は意外なところにまで及んでいるようである。

木の股をめぐる死と再生のドラマ

この章の冒頭で取り上げた捨て子に関連していえば、地方によると「木の股歳《またどし》」（木の又年）といって、ある年齢に達した老人を山に捨てに行く話が伝わっている。新潟県仙田地方では、昔、六一歳になると老人を山の木の又に挟んで捨てることになっていた。これを「木の又年」という。殿様の命令で、これに従わないと家族が処罰されるので、どの家でも六一歳になった親や祖父母を泣く泣く捨てに行ったという（小川直嗣『続・越左の伝説』、一一七頁）。

『真室川昔話集』にも「木の股歳」の話がある。「昔は六一になると木の股歳どんで、どげた元気な人でも山さ連でって、木の股さ挟んで置いで来るごとになってるど。それで、年寄った人達《だ》は、喰うよも無《ね》いし、山の中で死んでしまうなだけど」（『全国昔話資料集成』二四、三四頁）。これと似たような伝説は日本の各地に広く分布しているようである。

「木の股歳」は一種の姥捨て伝説である。老人を山の木の股に挟んで置いてくれば、いずれは食糧が尽きて餓死してしまう。「木の股歳」の伝説の特徴は、老人を木の股に挟んで置いてくることで、これは『古事記』が語る木俣神の説話をほうふつさせる。木俣神の説話では、ヤガミヒメはわが子を木の股に刺し挟んだまま因幡へ帰ってしまった。これはわが子を正妻スセリビメの養子にするためにとった措置であり、わが子を他人の養子にするには、わが子の魂を別の魂に入れ替える必要があったからだ。木の股はこの世とあの世の境界であり、そこでは魂の死と再生が行われたのである。

子供と老人の違いはあっても、「木の股歳」の場合も同じように考えることができるだろう。木の股に老人を挟むとは比喩的な物言いであって、要するにこの伝説は葬送儀礼の一環として語り継がれてきたように思われる。木の股は魂の死と再生の場だから、老人の古くなった魂はここからあの世に送られる。あの世に帰還した古い魂はそこで清められ、ふたたびこの世に戻り新しい肉体に宿って再生する。これが人の誕生であり、魂はつねに死と再生を繰り返しながら、この世とあの世を往還する。魂はその死と再生のサイクルのなかにあって、世代から世代へと受け継がれていく。「木の股歳」はそのことを説話風に語った話であり、この伝説が語り継がれる背景には、死体を山に捨てに行くという古い葬法も見え隠れしているようである。

古代の葬送は大きく分けて殯と埋葬の二段階にわたって行われた。これは「葬」という漢字の成り立ちをみてもわかる。「葬」は死体を「叢中に一時遺棄してその風化したものを収め、それを祭ること」が本来の意味で、複葬の形式があったことを示す字とされる（『字統』、五四五頁）。また『字訓』によれば、「葬り《はふ》」の動詞形「葬る《はふ》」は「放る《はふ》」と同根語のようで、一定期間を過ぎて埋葬することを「はふる」といい（六二六－七頁）、「葬る」は屍体を原野に遺棄して風雨にさらし、自然に消滅させる風葬の慣習を反映した言葉である。沖縄の宮古島あたりでは、古くは葬式のことを「捨てに行く」といったそうで（『琉球列島における葬送儀礼の構造』、一九七頁）、これも古い葬法を知るうえで参考になる。かつて死体を山へ捨てに行ったことは柳田国男も『明治大正史』のなかで述べている。

祖先の記念は今の人が想像して居るように、文字を刻んだ冷たい塔ではなかった。亡骸はやがて朽ち行くものとして、遠く人無き浜や奥に隠して、これを自然の懐に返して居たのである。喪屋の幾日かの悲しい生活を終わって還ると、字を知らぬ人たちはただ其辺の樹木の枝ぶりや、自然の岩石の形によって其の場所を覚え、時折の花をささげ涙を流しに行ったが、其れが段々に移り変って行くと共に、末には忘れてしまうのが当たり前のことになって居た（『定本柳田國男集』第二四巻、三〇九頁）。

屍体を捨てるというと、冷酷無比で非人間的な行為のように思われるかもしれない。しかし亡骸はやがて朽ち果てるものとして、昔の人はそれほど拘泥しなかったらしい。むしろ人々の関心は霊魂の再生にあり、死と葬送にかかわる儀礼もまたそのことを中心に行われたのである。柳田が指摘するように、文字の知らない昔の人たちは、屍体を捨てた場所を覚えておくために、近くにある樹木や岩石などを目印にしていた。樹木や岩石は女性原理や母性原理の具体的なイメージのあらわれであり、つまりは母なる大地の入り口であって、この世とあの世の境界でもあった。昔の人たちは無意識に境界に屍体を捨てていたのである。死者の魂はそこからあの世に送られる。とくに樹木であれば、二股の木や木の股などは格好の目印になるし、ここに「木の股歳」の伝説が生まれる背景があると私は考えている。「木の股歳」とは実際に生きたまま老人を木の股に挟んで置いてくるわけではない。かつて山に死体を捨てに行くという古い葬法があって、その記憶がしだいに幻想化し、そこから紡ぎ出された伝説とみるべきで、その意味では姨捨伝説と軌を一にするものだといえよう。

第一章で述べたように、赤子の出生に関する俗信には「川から拾ってきた」「橋の下から拾ってきた」などとならんで、一風変わったところでは「木の股から生まれた」という口碑も各地に伝わっている。このような口碑が伝えられる一方で、「木の股歳」という伝説が語り継がれてきたのもたんなる偶然ではない。生をめぐる口碑と死をめぐる伝説。いずれも木の股を舞台にしている点は注目すべきである。木の股は女性のシンボルであり、「木の股から生まれた」という口碑も「木の股歳」という伝説も、要は木の股をめぐる死と再生のドラマであって、両者はいわば合わせ鏡のような関係にあることがわかる。かつて人間の生と死は魂の死と再生のサイクルのなかにあり、そのことを私たちはあらためて認識させられるのである。

このように神話や伝説をひもといてみるとわかるように、木の股は女性のシンボルをあらわしている。『古事記』に登場する木俣神はその神格的表現であって、この神は木の神であると同時に水の神でもある。その性格も複雑で、多産性や生殖力はいうにおよばず、境界的な性格も帯びていて、それゆえに死と再生をつかさどる神でもあった。その性格と出自からいっても、「木の股から生まれた」という俗信との関連が示唆されている。少なくとも、この俗信が生まれる背景に木俣神の影が揺曳していたことは間違いなさそうである。そしてこの俗信は時代の変遷をかいくぐり、さまざまに変貌を重ねながら今日まで生き延びてきたということができる。「木の股から生まれた」という口碑が現代人の耳にいささか風変わりに聞こえるとすれば、それは私たちの古い記憶を呼び覚ますからだといえよう。

第三章　生命の木

「熊楠」という名について

一度聞いただけで記憶に焼きつくような強烈な印象をあたえる名前がある。南方熊楠（一八六七－一九四一）の「熊楠」もそんな名のひとつであろう。南方自身も自分の名前、とりわけ熊楠の「楠」には特別な感情をいだいていたようである。南方熊楠は和歌山県和歌山市に生まれた。地元には紀伊藤白王子社があり、境内にある楠の巨木は神木として崇められ、地元では子供が生まれるとこの神社に詣で、神官に名をつけてもらうならわしがあった。熊楠の名もこの神木にちなんでつけられたといい、そのいきさつを熊楠は次のように述べている。

紀伊藤白王子社畔に、楠神と号し、いと古き楠の木に、注連《しめ》結びたるが立てりき。当国、ことに海草郡、なかんずく予が氏とする南方苗字の民など、子産まるるごとにこれに詣で祈り、祠官より名の一字を受く。楠、藤、熊などこれなり。この名を受けし者、病あるつど、件《くだん》の楠神に平癒を禱る。知名の士、中井芳楠、森下岩楠など、みなこの風俗によって名づけられたるものと察せられ、今も海草郡に楠をもって名とせる者多く、熊楠などは幾百人あるか知れぬほどなり（『南方熊楠全集』第三巻、四三九頁）。

地元では紀伊藤白王子社の神木の楠にちなんで名をつけるのはざらで、格別めずらしいことではないという。これはなにも和歌山県だけの話ではなく、樹木の一字をとって名をつけるのは数十年前までは全国的によくみられた。春松、俊松、松太郎、松枝、松子、杉子、杉江、桜子、梅次、梅子、竹子など、あげればきりがないほどで、それだけ樹木が人間にとって身近な存在であったということだろう。しかし南方熊楠の場合は少し事情が違っていた。熊楠と命名されたのは実は四歳のときで、重い病気を患ったのが直接のきっかけであった。地元では、とくに楠、藤、熊などの名を受けたものは病気になるたびに楠神に詣で、平癒を祈ったという。熊楠もその一人であり、それについて熊楠自身は次のように述懐している。

小生幼時脾疳《ひかん》を煩い、とても育つまじと医師が言いしを、亡父手代に小生を負わせ、和歌山より四里歩み、この王子の境内にある楠神に願をかけ、楠の字を申し受け熊楠と命名せり（中瀬喜陽編著『南方熊楠、独白――熊楠自身の語る年代記』、二二頁）。

熊楠少年は四歳のとき重い病にかかり、医師にも見放されたのを、手代に背負われて四里（一六キロ）もある王子社に詣で、楠神に願をかけて、楠の一字をもらい受けて熊楠と命名されたのである。したがって熊楠の楠に対する思いは並々ならぬものがあり、熊楠自身も「楠の樹を見るごとに口にいうべからざる特殊の感じを発する」とまで言っている。そもそも名はその人につけるのではなく、魂につけるものであった。かつて樹木と人間の間には生命の交流があると信じられたが、楠神の楠にちなんで名をつけるのは楠の生命力、つまりは楠神の魂の一部をもらい受けることであり、自分の身体のなかに楠神の分霊が宿るのと同じような意味合いがあったのだろう。熊楠の先の言葉には、そんな感慨がにじんでいるように思われる。樹木の生命は個体としての人間の生命をはるかに超えているから、「熊楠」という名は人間の生命を楠の生命につなぎとめるはたらきをする。少なくとも熊楠にはそのような神秘的感覚があったのではないだろうか。

後年、熊楠が明治政府による神社合祀に強く反発したのも運命的なものを感じる。日本にも近代化の波が押し寄せ、人間と自然との生命の交流は断ち切られ、その結果、人間は自然と対峙し、自然はもっぱら搾取の対象とみなされるようになった。神社合祀もこうした近代化のうねりのなかで生じた国家の施策であり、樹木は伐採の対象とされ、末端の神社の鎮守の森が破壊されていく。熊楠がこれに強い憤りをいだいたのも当然であった。それは神社の合祀によって、貴重な植物の宝庫である鎮守の森が失われるという危機感に発しているとはいえ、一方では、自分の身が切られるような切迫した思いがあったのだろう。熊楠は楠を自分の身体の一部のように感じていたのではないだろうか。

熊楠は楠の樹を見るたびに、「口にいうべからざる特殊の感じを発する」という。この短い言葉には、熊楠の自然観というか、世界観が凝縮されているように思われるし、「熊楠」という名を与えられたことは、彼にしてみれば一種の運命であったともいえる。中沢新一氏は、この熊楠の言葉に触発されるように、熊楠は楠を見るたびに、「病気平癒を願って神樹に詣でる少年の時間に遡行していく。さらにその感覚は、楠の木が生きてきた何百年という時間に接続し、楠という植物が地球上に生存してきた何万年の歳月にむかって、ゆるやかに遡行をおこなっていく」といい、熊楠にとって、楠は記憶がよみがえり、時間の遡行が意識のなかで生じる「マドレーヌ菓子」であったと述べている（『森のバロック』、一五一‐六頁）。

言うまでもなく、「マドレーヌ菓子」はマルセル・プルーストの『失われた時を求めて』のなかに出てくる洋菓子のことで、語り手である私は、あるとき熱い紅茶にマドレーヌ菓子を浸して食べると、幼年時代の記憶がにわかによみがえってくる。熊楠もまた楠を見るたびに現在から過去へ時間が遡行し、記憶が呼び覚まされるのである。熊楠にとって楠は「マドレーヌ菓子」のような存在であったということができるだろう。

樹木と人間との生命の交流

何万年の歳月とはいわないまでも、また熊楠ならずとも、私たちにも記憶をよみがえらせ、時間を遡行していく樹木がある。赤子の誕生を記念して植える生誕記念樹なども、ささやかとはいえ各人の「マドレーヌ菓子」といえるだろう。生誕記念樹の起源は、おそらくトーテム木までさかのぼることができるはずである。ユングによると、昔のゲルマン人の風習では、子供が生まれると彼のトーテム木が植えられた。その木に何か異変があると、その人にも何かが起こるという（『夢分析』Ⅰ、一三二四頁）。これは樹木と人間の間に生命の交流があると信じられた時代の話である。人間とそのトーテム木はほとんど一心同体といってもよく、同じ血が通っているような親密な関係にあった。血が通っているといえば、すでに紹介した日本の伝説「血の出る木」が思い出される。屋敷の裏から恐ろしい物音がして、木の枕のようなものが榎の木の股にある穴に入ってしまった。榎の幹が母胎で、木の枕のようなものは胎児とみられる。その後、榎を伐ると血が流れ出し、あたりが血で染まったという。樹木にも人間と同じように血が通っているという思いがこのような伝説を生み出したのだろう。

生誕記念樹やトーテム木は赤子の誕生を記念して植えられ、個人的なつながりが強い。植えられた樹木は子供とともに成長し、子供が成人に達すれば、その後はその人の行く末を見守る。人生の伴走者のように、その人に寄り添いながら人生をともに歩むのである。そこには樹木と人間の間でかわされる生命の交流の名残が感じられるし、さらに一歩すすめて言えば、人間は樹木から生まれるという象徴的な意味も隠されているのではないだろうか。世界の神話の多くが人間は木から生まれたとしているし、生誕記念樹やトーテム木の風習の起源は、たぶん木から人間が生まれるという古代の神話にあるのだろう。たとえばゲルマン神話では、オーディン（戦の神）が木の幹から最初の人間を創造したとされる（『ゲルマン神話』上、一三四頁）。また『メキシコ絵文書1』にはアステカ最初の人間誕生の絵があり、裂けた樹の幹から人間が生まれているという（大和岩雄『十字架と渦巻』、一五〇頁）。

裂けた樹の幹から人間が生まれる話は、樹木に変身させられたミュラの悲劇でも語られている。第一章でふれたように、ミュラは父との近親相姦を犯したために、父から殺されそうになる。彼女は父の殺害の手を逃れるために神々によって木に変えられたが、すでに身重の彼女は木の真ん中がふくれ、月が満ちて一〇カ月後に木が裂けて、そこからアドニスが生まれた。ミュラは人間から樹木へと変身する過程で臨月を迎え、木からアドニスを生む。彼女は人間として身ごもり、木として出産するのである。アドニスは人間と樹木との生命の交流の象徴ともいうべき存在である。

ミュラの物語は彼女自身が木に変身するだけでなく、変身した木のなかから赤子が誕生するわけで、木と人間との生命の交流をあますところなく語っている。赤子のアドニスが樹の開口部から生まれる場面を描いた絵画も少なくない。イタリア・ルネサンスの画家ベルナルディーノ・ルイーニのフレスコ画はとくに有名である。また、マンフレート・ルルカーによると、この神話に呼応するように、アルプスやラインラント地方では、赤子は木から生まれるという俗信が残されているという。産婆は子供に向かってよくこう言うそうである。「昔おまえを樹から取りあげたのだよ」と（『シンボルとしての樹木』、四一頁）。絵画の題材になったり、俗信として語り継がれたりしていることからわかるように、木の幹から人間が生まれる話はヨーロッパではなじみが深いようである。

ミュラがアドニスを産む
（『変容の象徴』筑摩書房より）

もっとも、すでに古代ギリシア時代には、樹木と人間の生命の交流は古臭い俗信として醒めた目で見る人物もいた。ヘシオドスの『神統記』（岩波文庫）の古注には、槲樹《かしわ》にふれて、「…槲や岩の傍らに乳呑児を置きすえて、子供は槲の樹や岩根から生まれたのだというような、時代錯誤な物語に私はふけっていられようか」とある（一二九頁）。赤子が木のなかや岩のなかから生まれるといっても、すでに当時にあっては古諺とされていたことがわかる。岩は木とならんで女性原理の具体的なイメージのあらわれであり、岩のなかから生まれるのは、それを母胎として生まれるという意味である。日本でも、石のなかから赤子が誕生する伝説は各地に残されている。また子産み石、子孕み石、子持石などといって、特定の石に祈ると子宝がさずかるという信仰もかつてはさかんであった。

　古諺であれ、俗信であれ、樹木や岩と人間のあいだに生命の交流があると信じられたのは、自然のなかに自己を投影し、それを象徴的に感得していたからで、人類に共通する神話時代の遺産であることにかわりはない。メラネシアの神話伝説には、砂糖黍の茎のなかから出てきた一人の女性が人間の男の妻になり、その夫婦が人類の祖先になったという人類起源の話がある（『メラネシア・ミクロネシアの神話伝説』、一二六－七頁）。これも樹木から人類が誕生したという素朴な人類起源神話である。これに類する話は神話のほか昔話や説話にもみられる。日本の昔話にも、爺が山へ行くと、木のなかから赤ん坊の泣き声がするので伐ると、女の子が生まれる話がある。これは「竹姫型」とか「瓜子姫型」に分類され、いずれにしても木から人間が生まれるという古い神話の名残であろう。

木から人間が生まれる

　人間は木から生まれる。これは具体的には木の幹から生まれるという意味であり、幹が母胎に擬せられ、人間は幹を母胎として生まれるのである。母胎は死と再生のエネルギーを封じ込めた容器だから、木の幹はそこから赤子が生まれるだけでなく、死者を埋葬する場でもあった。チロル地方のライン川上流にあるモンタフォーン渓谷では、今日でも死者を入棺することを「樹のなかへ入れる」といい、スイスのウーリ州では、柩はたんに樹（Baum）と呼ばれるという(『シンボルとしての樹木』、四三頁)。エーリッヒ・ノイマンも、「もともと、死者は、母なる巨木の腹の中に隠された。これは、東アフリカの絵に示されている」と述べている(『グレート・マザー』、二七三頁)。母なる巨木の腹のなかは木の洞であり、木は死者を入れる柩でもあった。人間は木から生まれ、木に還ると考えられたのである。死者を木のなかに埋葬するのは再生させるためであって、木は死と再生の場であり、その意味でも母胎と呼ぶのがふさわしい。死者は再生するために木という母胎のなかに埋葬されるのである。

死者が再生するのは人間とはかぎらない。木に埋葬された死体は神として、あるいは祖先として再生すると考える民族もいる。井本英一氏によると、たとえばインドネシアでは直径一メートルほどの巨木の根元に穴をあけ、その中に死体を挿入し、周囲に木くずなどを詰めて薄板や木の皮などで蓋をする。十数年すると、樹木の皮が穴をふさぎ、もとの姿に戻る。死体は木の中に吸収され、祖先になるのだという(『神話と民俗のかたち』、一三九頁)。死体は文字通り樹木と一体化し、樹木はおそらく聖木としてあがめられるのだろう。

十字架の発生もこれと同じような経緯をたどったらしい。今日、十字架がキリスト教のシンボルであることはだれも疑わない。しかし十字架がキリスト教美術にあらわれるのは六世紀以降のことで、十字架はもともと異教徒ドルイドのシンボルを借用したものであった。バーバラ・ウォーカーの『神話・伝承事典』によると、ドルイド僧はオークの木を切り倒し、枝を払って二本の大きな枝を先端につけ、それで人間の腕をあらわしたのだという(一五五頁)。十字架は人間が両手を広げたかたちをあらわしたもので、これが十字架の原形であったらしい。十字架そのものが人間の姿形をかたどってつくられたのである。これは樹木から人間がつくられたという神話を想起させるし、樹木と人間の生命の交流は十字架にも受け継がれていたことになる。

ケルト十字架

また人間は木から生まれ木に還るとすると、キリストが十字架に磔にされたのも示唆的で、ここにも神話的な意味が隠されているのではないだろうか。さきほどのインドネシアの例では、巨木の中に死体を挿入したが、キリストが十字架に磔にされたのも、考えようによっては、キリスト自身が木の中に埋葬されたと解釈することもできるだろう。キリストは十字架ならぬ木と一体になり、ふたたび木から誕生する。十字架に磔にされたキリストはまさに死と復活を象徴しているのである。ユングによれば、青々と茂って実をつけた生命の木に磔にされたキリスト像がしばしばみられるという（『変容の象徴』上、四七三頁）。青々と茂って実をつけた生命の木が「生」を象徴していることは言うまでもない。そして生命の木に磔にされたキリストは、死せるキリストであると同時に、いままさに復活しようとするキリストの姿をあらわしているのだろう。人間は木から生まれ、木に還るというヨーロッパの古い伝統はキリスト像にも脈々と受け継がれているのである。

ティツィアーノの銅版画「聖ヒエロニムスのいる風景」には、樹木に十字架を結びつけ、その前に両膝をついた聖人の姿が描かれている。レンブラントにも同じモチーフの銅版画（一六五七）があり、十字架を結びつけた樹木はヨーロッパの絵画ではよくみられる。これも青々と茂った生命の木に磔にされたキリスト像の一変種とみることができるし、その伝統を受け継いだものであり、これもまたキリストが樹木から復活することをあらわしているのだろう。

日本では死者は木のなかに埋葬されるよりも、むしろ木として再生する話の方が多いようである。たとえば「炭焼長者」の昔話には死と再生のモチーフがみられるが、鹿児島県鹿児島市で採集された話では死者が木として再生する。話の内容は一般の炭焼長者譚と同じで、夫は福分のある妻を離縁したために落魄して乞食になる。一方の離縁された妻は別の分限者に嫁いでいた。そこに元の夫がゆくりなくも物乞いにやってくる。妻がご馳走すると、乞食は元の妻であることを知り驚いて死ぬ。便所の裏に死体を埋めると、木が生える。死者が木として再生するのである。

死者が木として再生する昔話は「座頭のむかし」にもみられる。川でおぼれ死んだ座頭を親切な船頭が穴を掘って埋めると、翌日、大きな木が生えてどんどん伸びていく（『全国昔話資料集成』二四、五六頁）。また「継子と笛」の昔話では、父親が旅に出た留守中に継子が継母に殺され、その屍を埋めた跡に一本の竹が生える。これは子供が竹として再生する話である。子供が木ではなく竹に生まれ変わるのは、それなりの理由があるのだろう。

竹はイネ科の植物で、木と呼ぶのははばかれるし、さりとて草ともいえない。栗田勇氏は、「万物の命を想うとき、竹は特殊な草でもなく木でもないところで、驚きを誘う」と述べている（『花のある暮らし』、一七四頁）。竹の不思議さは、木にも草にも分類できないところにあるのだろう。『古今和歌集』にも、

木にもあらず草にもあらぬ竹のよの　はしにわが身はなりぬべらなり

（巻第十八－雑歌下）

とあり、竹は草でもなければ木でもなく、その中間的な植物とみられていたらしい。人間にたとえれば、木は大人で、竹はまだ大人になりきらない未熟な子供ということになるだろう。子供は発達段階にあるから性としては未分化であり、男でもなければ女でもない両性具有的な存在である。

両性具有的という点では、竹にも同じような性質がみられる。竹は空に向って節目正しくまっすぐに伸びていく。その成長力も著しく、旺盛な生命力は男性的なイメージをかきたてるし、その形状からいっても男根のシンボルと呼ぶのがふさわしい。京都の洛北にある鞍馬寺では毎年六月二十日に「竹伐《たけき》り会式《えしき》」が行われる。長さ四メートルの青竹を大蛇に見立て、鞍馬の法師が山刀で伐るのである。蛇は男根のシンボルであるから、竹にも同じ意味が隠されている。竹の形状が蛇や男根のイメージを喚起するのである。

一方、竹の節《よ》は中空であるから一種の容器とみることができる。容器は母胎の象徴であり、竹は外見とは裏腹に中身は女性的である。要するに竹は両性具有的な植物であって、この竹の性質は、子供が男にも女にも属さない両性具

有的な存在であるのと見合うだろう。竹は子供のメタファーといってもよく、したがって「継子と笛」の昔話で殺された継子が竹に転生するのは、ごく自然な話の展開ということができる。

日本では死者が木として再生する話は多く、木は死と再生のシンボルであり、これも広い意味での木と人間との生命の交流を語った話とみることができる。また桜の木の根元に乳母を埋めたという乳母桜の伝説も各地に残されている。木と屍体との結びつきは、「桜の樹の下には屍体が埋まっている」(『檸檬』)という梶井基次郎の名に負う文学的イメージに脈々と受け継がれていて、これも神話的な言い方をすれば、屍体が桜の木に再生したという意味になるだろう。

木から人間が生まれる話に関連していえば、山梨県西八代郡には「鷹にさらわれた子供」という昔話が伝わっている。茶摘みの手伝いをしている母親が二歳になる男の子を畑の畔に寝かしたまま茶を摘んでいると、一羽の鷹が飛んできて子供をさらっていく。鷹は遠く離れた大和の東願寺の庭の杉の木の洞《うろ》に幼児を置いたまま飛び去ってしまった。寺では庭の杉の木から子が生まれたといってお七夜をし、寺の小僧として育てる。小僧には杉が親だからといって、毎朝お参りをさせたという(『日本昔話大成』三、一四〇―一頁)。赤子が鷲や鷹にさらわれて木の洞や枝に置き去りにされる話は昔話や伝説のモチーフの一つであり、『神道集』所収の「三島大明神の事」も同類の話である。これは大和の長谷寺の十一面観音からさずかった男の子が鷲にさらわれる話で、話の筋も「鷹にさらわれた子供」と同工異曲であり、最後は元の親と再会をはたすという大団円で終わる点も共通している。いずれにしても、鷹や鷲が幼児をさらって木の上に置いていく話に焦点をしぼれば、これは木から人間が生まれるという神話のモチーフがかたちを変えて生き延びてきたのではないかと思われる。

神話的発想または内的な経験

木から赤子が生まれるイメージは、『古事記』の火の神誕生の話にもみられるようである。イザナミは火の神カグツチを生んださいホドに火傷を負い、それが原因で死んでしまった。あとに残された夫のイザナキは「いとしい妻をどうして一人の子にかえられようか」といって嘆き悲しんだ。『古事記』の原文では、「愛《うつく》しき我《あ》がなに妹《も》の命《みこと》を、子の一《ひと》つ木《け》に易《か》へむと謂《おも》へや」とあり、生まれた子を「木《け》」と表記しているのが注目される。ここで言う「木」がカグツチ本人を指していることはいうまでもない。なぜ子のことを木というのだろうか。

イザナミの火の神出産の話には火鑚杵と火鑚臼を強くこすり合せる古代の発火法が反映されているようである。火鑚杵を男根、火鑚臼を女陰に見立てた発想である。摩擦によって火が燃え出す瞬間、火は火切臼に燃えうつり、それを焼けこがすことになる。イザナミが火の神カグツチを生んでホト(女陰)に火傷を負うのは、そのイメージが反映されているようである。そして木の摩擦によって生まれた子という意味で、カグツチを「一つ木」と呼んだのであろう。

同じ『古事記』の大国主神の国譲りにも、火鑚臼と火鑚杵で浄火をきり出す話がある。火は女の木と男の木から生まれるのである。「一つ木」という言葉には「木の息子」あるいは「木から生まれた子」という意味合いが感じられる。

木と木をこすり合せる発火法は洋の東西を問わず普遍的にみられ、「火は、二かけらの木の息子であった」(『火の精神分析』、五一頁)とバシュラールが言うのもこれと同じで、木から生まれた子という意味で火のことを「木の息子」と呼ぶのである。またユングは、今日のドイツ語にも古代の発火法を象徴するようなものが残っているといい、男の子を「棒」というのはそのいい例だという(『変容の象徴』上、三〇七頁)。「一つ木」「木の息子」「棒」はいずれも木から生まれた子という意味でそう呼ばれる。どれも木片のような軽い扱いだが、ともかく木と人間との生命の交流の残り香のようなものは感じられる。

ちなみに神話的な発想では、火は木のなかにあらかじめ含まれていて、摩擦によって引き出されるのである。火は現象ではなく実体であって、摩擦という行為によって木のなかから火が引き出されると考えられた。『日本書紀』第五段(一書第八)によると、イザナキは火の神カグツチの出産が原因で妻を殺されたことに腹を立て、剣でカグツチを斬りつけ、頭、胴体、手、腰、足の五つに切り裂いてしまう。足を斬ったときの血がほとばしり、石、砂、草木を染めた。草木や石や砂が燃えるようになったのはこのためだという。「是《この》の時に、斬《き》る血激灑《ちそそ》きて、石礫《いしむら》・樹草《きくさ》に染る。此草木《これくさき》・沙石《いさご》の自《おの》づからに火を含《ふふ》む縁《ことのもと》なり」。カグツチの身体からほとばしり出た赤い血が火を連想させる。草木が燃えるのも、石と石を打ち合せて火をきり出すことができるのも、草木や石のなかに火が含まれているからだと考えられた。木と木をこすり合せる発火法も、あらかじめ木のなかに含まれている実体としての火を取り出すのである。

火の神カグツチの誕生には木と木をこする合わせる発火法が反映されているが、摩擦による発火法について付言すれば、人類はどのようにしてこの方法を思いついたかというと、私にはバシュラールの説明が最も胃の腑に落ちるように思われる。バシュラールは『火の精神分析』のなかでこの問題にふれ、「摩擦はきわめて性的な経験である」といい、「摩擦によって火をうみだす『客観的』試みが、全く内的な経験によって示唆されている」（五〇頁）と述べている。人類が摩擦による発火法を思いついたのは、みずからの性的な経験によるものであり、摩擦による発火法と人間の性が深層でつながっていることをバシュラールは指摘する。恋のアバンチュールを「火遊び」と言うように、火と性の関係は今でも言葉のなかに生きている。

みずからの内的な経験に触発されてものをつくり出したり、自然界を把握したりする発想を一般には神話的と呼んでいる。神話とは、人間の内的な経験によって世界を解釈したもので、したがって外部の世界は内的な経験の反映にほかならないともいえる。

「内的な経験」はユングの言う「外」に対する「内」に相当するだろう。ユングは、近代合理主義が「外」の派生物と考える「内」は「実はそれ独自の構造をもち、ア・プリオリなものとしてあらゆる意識の経験に先行する」と述べている（『元型論』、一五五－六頁）。「内」は無意識と言い換えることもできるだろう。意識に先行するはたらきとしての無意識である。意識は経験や知識を積み重ねることで進化発展するけれども、意識に先行する無意識は経験や知識とは無関係にア・プリオリに存在するから、無意識から生まれる発想には民族を超えた普遍性がみられる。摩擦による発火法もその一つで、ユングのいう「内」という先験的な経験から生まれたがゆえに普遍性がみられるのである。「内」はバシュラールがいう「内的な経験」にほぼ見合うといってもいいだろう。

木に宿る霊魂

さて、木と人間の生命の交流は、摩擦による発火法にまで及んでいることが明らかになったところで、木と出産とのかかわりについても述べておきたい。木の下や木のかたわらでお産をする話は多く、マンフレート・ルルカーも「いくつかの神話のなかで、樹木は出産を助ける存在として登場する。レトは緑野に跪き、片方の手でシュロの幹を摑みながらアルテミスとアポロンを生んだ。仏陀の母は、樹の枝を摑みながら息子を産んだ」と述べている（『シンボルとしての樹木』、二〇七頁）。樹木が出産を助けることはフレイザーも指摘している。「スエーデンとアフリカでは、分娩の時に安産を与える力を樹がもっているとしている。スエーデンのある地方では、各農場の近所にポルトレードすなわち『護りの樹』（ライム、トネリコ、あるいは楡）が昔は立っていた。（中略）妊婦は安産させてもらうために、この樹に抱きつく習慣があった」（『金枝篇』一、二五七頁）。

日本でも事情は同じで、第一章で紹介した「産杉の伝説」は産気づいた女を杉の木の二股になったところにのせてお産をさせる話であった。これなども、木がお産を助ける話に分類できるだろう。とくにこの伝説で興味深いのは、木の二股のところが仮の産屋のように考えられていることである。出産はこの世とあの世の間で魂のやり取りが行われる瞬間であり、そのために産婦は産屋という内なる異界にこもってお産をする。古い産屋には力綱といって、天井から綱がさがっていた。産婦はその力綱にすがってお産をするわけだが、力綱には「へその緒」という象徴的な意味があって、産屋そのものが一種の母胎とみられていた。産婦は産屋という疑似母胎にこもってお産をするのである。樹木にも境界という意味があり、とりわけ二股の部分は女性のシンボル、つまり母胎の入り口であるから、「産杉の伝説」ではここを仮の産屋に見立てたのである。

先ほど引いたマンフレート・ルルカーの一文に、「仏陀の母は、樹の枝を摑みながら息子を産んだ」とあるが、仏陀の母は木の枝を力綱にして息子を生んだとも解釈できる。幹を母胎とすれば、幹から出た枝はへその緒である。幹を中心にした木の下が疑似母胎として、あるいは仮の産屋として考えられていたようである。また木の枝をつかみながら出産することには別の意味も考えられる。赤子の身体に宿るべく魂は地下世界から木の根をつたってやってくると信じられたから、木の枝をつかむのは、その魂を受け取るという意味にもなるだろう。産屋の天井から下がった力綱にすがってお産をするも同じで、力綱にはへその緒という意味があり、魂は力綱を通して赤子に受け渡されると信じられたのだろう。いずれにしても、仏陀の母がつかみながら息子を生んだとされる木の枝にも「へその緒」という象徴的な意味が隠されていたことは間違いなさそうである。

赤子の魂が樹木の根をつたってやってくる話に関連していえば、北欧神話では、「神が人間を創造したときに命をあたえた物質が trê = 木材、木と名づけられている」という(『変容の象徴』上、四七一頁)。神は人間を創造したが、人間に命を与えたのは木であった。別の言い方をすれば、神が創造したのは肉体だけで、肉体に魂を吹き込んだのは木であったということができる。北欧神話でも、人間の魂は木を通じてもたらされると考えられているようである。

赤子の魂が木によってもたらされるという信仰は今でも先住民のあいだでは生きている。松本信広氏によると、マライ半島の山地に住むセマン族は人間の霊魂は木に宿ると信じているという。妊婦は自分が生まれるとき魂のよりどころとなった木と同じ種類の木で、その最も近くにある木を胎内の赤子の魂の宿る木とさだめる。そして赤子の魂を運ぶとされる鳥がその木に巣ごもるのを見とどけると、ただちに捕らえ殺して食べてしまう。こうすれば、生まれてくる赤子の魂が胎内に宿ると考えられているという（『東亜民族文化論攷』、一七四－五頁）。鳥は魂の化身、もしくは魂の運搬者で、その鳥を食べることで魂を直接体内に取り込んでしまう。こうして魂は無事に胎児に受け渡されるわけで、これは即物的というか、きわめて合理的な考え方である。木に宿った赤子の魂は鳥を仲介者にして母胎に入り込むのである。

赤子の魂は木に宿り、そこから赤子に受け渡される。したがって木が出産を助ける話も、さらには木の下や木の枝につかまりながら出産するのも、こうした信仰が前提にあることをあらためて確認しておきたい。

木の下で出産する話に関連していえば、次に紹介する説話などもなかなか興味深いものがある。『今昔物語集』巻第二十七の十五は、さる屋敷に仕える身寄りのない若い女の話で、これといった定まった夫がいないにもかかわらず身ごもってしまった。臨月が近づくにつれ、女は憂鬱になる。どこで生んだらいいものか、相談する相手もなく、恥ずかしいので家主にも言い出せず思案にくれていた。しかし根が賢い女で、いいことを思いついた。

只《ただ》我《わ》レ其《そ》ノ気色《けしき》有《あ》ラム時《とき》ニ、只独《ただひと》リ仕《つか》フ女《め》ノ童《わらは》ヲ具《ぐ》シテ、何方《いづかた》トモ無《な》ク深《ふか》キ山《やま》ノ有《あ》ラム方《かた》ニ行《ゆ》テ、何《いか》ナラム木《き》ノ下《した》ニテモ産《む》マム。

産気づいたら、ただ一人使っている女童《めのわらわ》を連れて、どこか深い山に行き、どんな木の下でもいいから、そこで生むことにしたという。身寄りのない宮仕えの女が未婚のまま妊娠してしまった。家でお産をするあてなどなく、悩んでいるうちにふと思いついたのが、山中の木の下であった。これも考えてみれば「産杉の伝説」にも通じる話で、ここにも木がお産を助けるという古い神話の名残がみられるようである。木の下でお産をするというアイデアは、親から子へと代々受け継がれてきた伝承というよりも、いわゆる集合的無意識として女の記憶の底に沈んでいたものが、ふとしたきっかけで意識上に浮上してきたとみられる。これも広い意味での樹木と女性の生命の交流が断片的なかたちであらわれたということができる。

子を授ける木

木はお産を助けるが、木には子を授ける呪力があるとする信仰もこれとは裏腹の関係にある。というよりも、赤子の魂は木に宿るという神話や伝承があらたな段階を迎えると、木には子を授ける呪力があるという信仰に変わるのであろう。ともかく煩をいとわずに、いくつか例をあげてみよう。

フレイザーによれば、マオリ族のトゥホエ部族では、「女に子を生ませる力は樹にこもっていると信じられている」。また、カラ・キルギス族は、「不妊の女は子を得ようとしてリンゴの一本木の下の地面を転げまわる」という(『金枝篇』一、二五六-七頁)。リンゴはとりわけその果実にさまざまな象徴的な意味が与えられてきた。とくにアダムとエヴァの寓話以来、性的なイメージを強く帯びているのも特徴である。そこから派生したのが、リンゴには霊魂を媒介するはたらきがあるという考えで、石女がこれを食べると妊娠するという伝承は多い。たとえば「ジークフリートの曽祖母はリンゴを食べて妊娠した」とされる(『神話・伝承事典』、四〇頁)。すでに妊娠の可能性のない女性が懐妊するほど、リンゴは多産性や生殖力が旺盛な果実と信じられていたのである。不妊の女がリンゴの木の下を転げまわるという風習も同じ発想からきている。ハンス・ビーダーマンによると、古代アテネでは、新郎新婦がはじめて寝室に入るときには、一個のリンゴを分け合って食べる風習があった。またリンゴを贈ったり、投げたりすることは、一般には求愛を意味する行為であったという(『図説・世界シンボル事典』、四八二頁)。

リンゴの木にかぎらず樹木には子を授ける呪力があると信じられたが、松本信広氏が紹介する中国少数民族の風習も木を中心にいとなまれる。雲南省の苗族は今でも丘上に樹木を立て、その周囲を若い男女が笙を鳴らし淫らがましい歌をうたいながら回り遊ぶ。祭りのあと、この木は子授けの目的で不妊の家族のところに運ばれる。また貴州省の狗耳という原住民は、春木を野に立て、これを鬼竿といい、男女がそのまわりを旋躍して配偶者を選ぶという（『東亜民族文化論攷』、二九四頁）。鬼竿の鬼は祖霊のことで、鬼竿には祖霊の依り代という意味があるらしい。

この二つの祭りからただちに思い浮かぶのは日本の歌垣である。また男女が木の周囲を巡りながら性的な歌の掛け合いをしたり、配偶者を選んだりすることから、日本神話が語るイザナキとイザナミ二神による国生み神話を想像する向きもあるだろう。イザナキとイザナミはオノコロ島に降り立ち、天の御柱をめぐって国生みをする。『古事記』によれば、イザナキはイザナミにこう言ったとある。「然らば吾《あれ》と汝《いまし》と是《こ》の天の御柱を行き廻《めぐ》り逢ひて、美斗麻具波比為《みとのまぐはひせ》む」と。それならば、私とお前でこの聖なる御柱を巡り、出会って聖なる結婚をしようではないか、と。「みとのまぐはひ」は夫婦の契りを結ぶという意味である。柱を巡りながら夫婦の契りを結ぶのは、苗族や狗耳族の祭りをほうふつさせる。松本氏によると、祭りは柱ではなく樹木を立てるとしているけれども、これは大地に根を張った自然の木ではないから、実質的には柱と大差はなく、そう考えると、日本神話が語る国生み神話との距離は縮まり、苗族や狗耳族の祭りがますます身近なものに思えてくる。日本民族のルーツの一つは中国南西部あたりにあるという説が想起される。

それからもうひとつ興味深いのは、苗族の祭りでは、祭りのあと樹は子授けの目的で不妊の家族のもとへ運ばれることで、これは日本の祝棒を思わせる。祝棒はヨメタタキ棒、ハラメン棒などともいわれ、この棒には子を孕ませる呪力が宿っていて、これで若い嫁や女性の尻をたたけば妊娠すると考えられた。一種の感染呪術である。平安時代には祝棒は粥の木、粥棒などとも呼ばれ、小正月にはこの棒で女性の尻を打つ行事が行われた。『枕草子』（二段）には、行事の様子が生き生きとした筆致で描かれている。

十五日、節供《せく》まいりすへ、かゆの木ひきかくして、家の御達《ごたち》女房などのうかゞふを、うたれじと用意《ようい》して、つね

にうしろを心づかひしたるけしきも、いとおかしきに、いかにしたるにかあらむ、うちあてたるは、いみじふ興《きょう》
ありてうちわらひたるは、いとはへばへし。

女房たちが粥の木を隠し持ちながら、相手の尻を打とうとすきをうかがい、また打たれまいとたえず背後を用心しているのは面白い。それでもすきを突いて打ったときなど、皆がどっと声をあげて笑うのははなやかで、いいものだという。

正月十五日は望粥《もちがゆ》の節供で、小豆粥を食べるのが習慣であった。粥の木は粥を煮るのに使った焚き木の燃えさしをいい、そこからその名が生まれたらしい。

祝棒は時代によって、また地方によってさまざまな名称で呼ばれるが、いずれにしても子を孕ませる呪力を帯びた聖なる木であることにかわりはなく、これは苗族の祭りで立てる樹も同様である。祝棒で尻を打つ行事に似た風習は、海を越えたドイツの民間信仰にもある。とくに罪なき幼な子の殉教記念日(一二月二八日)、新年、謝肉祭では、生命の若枝で女性や動物が打たれる。また地方によっては、花嫁は婚礼の日に、切りとったばかりのナシの小枝で打たれるという(『シンボルとしての樹木』、一七〇頁)。生命の若枝もナシの小枝も多産性や生殖力の象徴であり、やはり子を孕ませる呪力があると信じられたのだろう。

日本の祝棒は時代によってさまざまな意味が付与されているけれども、もとをたどれば、樹木には赤子の魂が宿る、あるいは子を授ける呪力があるという古い信仰に由来する。祝棒は樹木の一部であり　これもまた部分は全体を象徴するという聖なる弁証法の一例である。

竹の生命力

これまでみてきたように、樹木はしばしば女性に擬せられる。とくに幹は母胎とみなされ、幹が裂けて、そこから赤子や人類の始祖が生まれる神話や伝説は多い。しかし母胎という点からいえば、竹ほどそのイメージにふさわしいものはないだろう。先ほども述べたように、竹の節はなかが空洞で、まさに容器そのものである。竹は成長も早く、これもほかの樹木とは違う竹の特徴の一つであり、その旺盛な生命力の秘密はいったいどこにあるのだろう。そう思って竹を伐ってみると、節のなかはがらんどうで何もない。竹の節のようになかがうつろな容器を、折口信夫にならって「カヒ」と呼ぶことができる。カヒは卵の古いことばで、貝(かい)とは語源的に同根とされる。もなかの皮のように中身を包むものがカヒである。カヒは死と再生のエネルギーを封じ込めた容器であり、そのエネルギーは呪力といってもよく、それが竹の成長を支えていると信じられたのだろう。竹の旺盛な成長力、生命力のみなもとは節のなかに宿る目に見えない呪力にあり、その呪力は竹の精と言い換えてもいい。そう考えると、かぐや姫が竹のなかから生まれるのも偶然ではなく、かぐや姫はいわば竹の精の人格的表現ということができる。昔話の「竹の子童子」や「竹姫」もこれと同類の話で、いずれも竹と人間との生命の交流から紡ぎ出された物語であることにかわりはないだろう。

「かぐや姫」「竹の子童子」「竹姫」などは一般には異常出生譚に分類される。竹にまつわる異常出生譚といえば、篁竹林出生譚も逸することができない。小野篁《おののたかむら》は母親が竹林で筍と交わって生まれたという説話である。筍はその形からして、たしかに男根を連想させるし、また雨後の筍といわれるように、春先の雨あがりの朝など、竹林に足を踏み入れてみると、そこここに筍が地面から頭を出しているのが見られる。筍は形状もさることながら、その旺盛な生命力に特徴があり、その意味でも男根のシンボルと呼ぶのにふさわしい。筍の特異な形状と旺盛な生命力とがあいまって、篁竹林出生譚のような説話が生まれたのだろう。あるいは小野篁の篁は「たけやぶ」という意味だから、その名から受けるイメージこそ、むしろ説話誕生に深くかかわっていたと言うべきかもしれない。

竹はとくに水とのかかわりが濃厚である。平安末期の左大臣藤原頼長の日記『台記』には、康治元年（一一四二）の近衛天皇の大嘗祭の次第を記した「中臣寿詞」という別記があって、そこには筍の下から水が湧き出す話があり、この水こそ天孫の用いる聖なる水であることが述べられている。これは岡田精司氏が「大王と井水の祭儀」という論考のなかで紹介しているので、その一部を引用させていただくことにしよう。

この玉櫛を刺し立てて、夕日より朝日の照るに至るまで、天の詔《のり》との太詔と言をもちて告《の》れ。かく告らば、まちは弱韮《わかひる》にゆつ五百篁《いほたかむら》生ひ出でむ。その下より天の八井《やい》出む。こを持ちて天つ水と聞こしめせ（『講座日本の古代信仰』第三巻、一九六一七頁）。

岡田氏の説明では、天孫の用いる聖水は、天忍雲根神《あめのおしくもね》が天上から授かった天の玉櫛（現在も神事に用いるサカキの枝の玉串の類であろう）を大地に刺し立てて、一晩中祈禱すると、たくさんの筍が生え、その下から湧き出した水だという。おびただしい数の筍が生えるとともに、その下から水が湧き出す。これは竹の地下茎がそれだけ豊富な水を貯えているからで、竹と水との密接な関係を語る話である。

かつて大地の底には満々たる水をたたえた水界が広がっていて、水はそこから地下水脈を通って地上に運ばれると考えられた。とくに竹は地下茎が大地に網の目のように張りめぐらされることから地下水脈に通じているとみられていたのだろう。筍にかぎらず、若竹を伐ってみると、水分をたっぷりと含んでいるのがわかるし、筍の下から水が湧き出すのも、地下茎が水脈を探り当てて、そこから水を引いてくると信じられたにちがいない。

水界から地下水脈を通って地上に運ばれた水は最終的には川となって流れてくる。水界から流れてくるのは水だけとはかぎらなかった。「桃太郎」や「瓜子姫」の昔話にみられるように、桃や瓜が水に乗って流れてくることもあり、『後漢書』南蛮伝にみえる野郎国の始祖神話でも、祖先は流れてきた竹から出自したとされる。「野郎は、初め女子ありて遯水に浣す、三節の大竹あり流れて足間に入る。其の中に号声あるを聞き、竹を剖きて之を見るに一男児を得たり。帰りて之を養ふ」（『三品彰英論文集』第三巻、四〇二頁）。女性が沐浴していると、脚の間に三節の大竹が入り、竹のなかから泣き声がするので、割ってみると男の子が入っていたという。この男の子がのちに野郎国の始祖となる。竹から生まれるところなどは、日本の「かぐや姫」や「竹の子童子」を思わせる話だが、竹から子が誕生する話は日本のほかに東南アジア、中国、朝鮮半島にかけて広く分布し、三品彰英氏は、インドネシア諸民族の間では竹にかぎらず広く植物の幹、あるいは果実から人祖が出現する話は多いと述べている（同前、二七三頁）。

植物の幹、つまり木から人祖が出現するのも、果実から出現するのも、表現の違いこそあれ同じことであろう。これは日本神話に登場する木の神ククノチの語源からも裏づけることができる。ククノチのククは木木（キキ）の古形で、クはクダモノ（木の物）のクに同じとされ（『日本書紀』上、八六頁、頭注）、木と果物はもともと一体のもので、これがのちに二つに分けて考えられるようになったらしい。クダモノ（果物）は木の物で、文字通り「木になるもの」であった。人が木から生まれるのも、木の物（果物）から生まれるのも要は同じことで、ここにも樹木と人間との生命の交流をみることができる。

他界観について

植物にとって水はなくてはならないものであり、古代人の発想では水は水界からもたらされると考えられた。水界は水だけでなく人間を含む生命を生み出す根源的世界であるから、「桃太郎」や「瓜子姫」の昔話にみられるように、桃や瓜が川上から流れてくるのはごく自然な話の展開のように思われる。桃太郎や瓜子姫の生命（＝霊魂）が果実にこもった状態で水界から流れてくるのである。神霊や魂が川を通い路にしているのは昔話の世界でも同じである。

水界は大地の底に比定された他界である。その一方で、私たちの祖先は海の彼方にも常世の国という他界があると信じていた。水界は地下に想定された他界であり、常世の国は水平線の彼方に想定された他界である。古代人は他界が二つあると考えていたのだろうか。これについては沖縄の海上他界信仰を参考にするとわかりやすい。

沖縄は四周を海に囲まれた島々からなり、本土と同じく沖縄でも海の彼方に他界があると信じられた。沖縄の他界はニライカナイと呼ばれ、これは本土でいう常世の国にあたる。第一章でふれたように、ニライカナイは地下に想定された他界であり、これは一見矛盾するようだが、実は地下世界と水平線の彼方の世界は海底を通じてつながっていると考えられたようである。たとえば西郷信綱氏は、沖縄の八重山では、ニライの神は「海辺のナビンドウ（鍋の底のごとき凹地）から村に来訪する」と述べている（『古事記注釈』第二巻、三五四頁）。ナビンドウは鍋の底のような凹地とあるから、これは海辺にある穴のことで、この穴からニライの神がやってくる。ニライカナイは水平線の彼方に想定された他界でありながら、一方では海底を通じてつながっているとも信じられていたらしい。

また丸山顕徳氏によると、沖縄の方言では、天の神の名と、土の中から生き物として最初に出現するヤドカリの名は「アーマンチャ」という同じ発音であり、天の神と地の生き物が同じ名で呼ばれているという（『口承神話伝説の諸相』、三四五頁）。これも天と海、あるいは水平線の彼方と地底がつながっていることを示すもので、その傍証といえるだろう。

同じことは本土でもいえる。すでにふれたように、『続日本後記』が伝える浦島子の説話では、「澄の江の淵に釣りせし云々」とあり、島子は淵から竜宮に渡ったことが示唆されている。竜宮は常世の別称であり、海底を通じて常世の国がつながっていることを暗示させる。周囲を海にかこまれた日本の本土や沖縄では海の水平線と天はひとつに重なって見える。天と海が重なるのであれば海底も同ことで、海上の彼方にある常世の国が海底でつながっているという発想が生まれるのもおそらくそのためであろう。

天と海の密接な関係は、「海人《あま》」という言葉からも裏付けることができそうである。今日、海人といえば女性のことだと思われているが、本来は男女を含む海の民のことをいい、古くは「あまうど」「あまびと」などと呼ばれ、海人はこれらの略語とも言われる。海《あま》は天《あま》であり、古語では海と天は同じ言葉であらわされたらしい。これも海と天を同じとみなす古代人特有の世界観のあらわれであろう。

常世の国やニライカナイは水平線の彼方に想定された他界である。これとは別に、古代人は天上にも高天原《たかまのはら》という他界を想定した。高天原は葦原中国《あしはらのなかつくに》という地上世界に対する天上世界のことで、天つ神が住むとされる他界である。常世の国やニライカナイが水平的な世界観であるのに対して、高天原－葦原中国は垂直的な世界観といわれている。しかしそう簡単に割り切ることができるのだろうか。水平的な世界観と垂直的な世界観という二項対立的な発想それ自体に私は疑問をいだいている。古語では海と天が同じ言葉であらわされたとすると、高天原の「天」にも海という意味が含まれているのではないだろうか。

日本の神話では、天つ神はしばしば天磐船《あまのいはふね》に乗って天降ってくる。たとえば『日本書紀』巻第三の神武天皇には、ニギハヤヒノミコトは天磐船に乗って天降ってきたことが述べられている。天磐船の「天の」は、地上に対する天上世界の美称であり、磐船は空中を航行する堅固な船の意味で、天つ神はこの船に乗って地上に天降ってくるのである。天上にも地上と同じように水域があることは、高天原の話に天《あめ》の安河《やすのかわ》がしばしば出てくることでもわかる。アマテラスとスサノヲが天の安河を間に挟んでウケヒをする話はとくに有名である。また天の安河の上流の天の石屋《いわや》には伊都之尾羽張神《いつのおはばりのかみ》が住んでいて、河の水を逆に塞《せ》き上げて道をふさいでいる話などもあり、高天原にも地上世界と同じような川があったらしい。天つ神が天磐船に乗って天降ってくるときにも、天上世界の水域を航行してくるのであろう。そして天上世界の水域は、そのまま地上世界の海につながっていたのではないだろうか。次に引く『摂津国風土記』逸文の話はそのことを示唆しているようである。

津《ノ》國《ノ》風土記に云《イハク》、難波高津《ナニハノタカツ》は、天稚彦天下《アメワカヒコアマクダ》りし時、天稚彦《アメワカヒコ》に屬《つき》て下《クダ》れる神、天《アメ》の探女《さぐめ》、磐舟《イハフネ》に乗《ノリ》て爰《ココ》に至る。天《アメノ》磐船《イハフネ》の泊《はつ》る故を以《モチ》て、高津《たかつ》と號すと云々。

アメノワカヒコとともに天降ったアメノサグメは天磐船に乗って摂津国の高津の地に停泊したという。これは高津の地名起源を語った話である。地名起源はさておき、『万葉集』にもこれと同じ伝承をもとに詠んだと思われる歌がおさめられている。

ひさかたの　天の探女《さぐめ》の　石船《いはふね》の　泊《は》てし高津は　あせにけるかも

（巻第三―二九二）

天の探女の石船が停泊した高津も浅くなってしまったことだという。摂津国は現在の大阪府と兵庫県にまたがる地域で、高津は大阪城の南のあたりとされる。澤瀉久孝氏によると、ここは高台で、かつては岸辺の海底も深かったのではないかという（『萬葉集注釋』巻第三、一七二頁）。高津の「津」は海岸や川岸など船舶の停泊するところを意味する語で、要するに港のことである。天の探女を乗せた天磐船は高津の港に停泊したのである。しかし万葉時代には、すでに高津の港の海底も浅くなっていたようで、先の歌はいにしえの言い伝えをしのんで詠んだものと思われる。

天の探女を乗せた天磐船は天上の水域を航行しながら、そのまま地上の海に到り、ついには高津の港に接岸したと考えられる。この解釈には反論も予想され、天磐船はそのまま垂直に天降って高津の港に着岸したのではないかといわれるかもしれない。高天原は葦原中国の真上にあるとする垂直的な世界観からすれば、そのような解釈になるだろう。しかし古代人は、高天原は地上世界の真上にあると同時に水平線の彼方にもあると考えていたのではないだろうか。これは高天原が二つあるという意味ではなく、天上世界は同時に水平線の彼方の世界でもあるといういささか複雑で屈曲した世界観をあらわしている。

話がこみいってきたので、もう少し具体的に言うと、海辺から見れば海と天は遠くかけ離れていても、はるか彼方の海上では海と天はひとつにつながっていた。海上のはては海界《うなさか》で、文字通り境界であり、天上世界の入り口でもあったのだろう。そこでは海と天がひとつに融合した世界が広がっていた。海はまさに天であり、海と天が同じ「アマ」という言葉であらわされた古語のイメージの世界がそこに展開していたのである。高天原－葦原中国という垂直的な世界観も、せんじつめれば日本古来の水平的な世界観と無縁ではなく、古代人は、海上のはてる海界では、天も海も地もつながっていると想像していたようである。

古代人の世界観によれば、天上世界の水域は地上世界の海に接続していたのであり、先の『摂津国風土記』逸文の話は、その消息を伝えるものではないかと思われる。しかし他界観の問題は本書のテーマからはずれるので、これ以上深入りするのは控えたい。高天原に住む天つ神もまた水域を船で航行しながらこの世にやってくるのであり、ここでは、そのことを確認するだけで十分である。天上世界にしろ地下世界にしろ、他界からやってくるものは海や川を通い路にして、いずれも水に乗って運ばれてくるのである。このことは章をあらためて考えてみたい。それと同時に、本書のテーマも「樹木」から「水」にバトンタッチされる。

第四章　漂流する魂

桃太郎と桃の精

「桃太郎」の昔話では、川へ洗濯に行ったお婆さんが川上から流れてきた桃を拾うところから話が展開する。桃を家に持ち帰り、包丁で切ろうとすると、桃が割れて子供が出てくる。桃太郎と名づけて育てるというのが一般によく知られた話の骨子である。桃から生まれた桃太郎はいわば桃の精の人格的表現ということができるだろう。竹の節のなかから生まれたかぐや姫が竹の精の人格的表現であるのと同じである。成長した桃太郎は鬼が島に鬼退治に行くが、これもたんなる偶然ではない。退治される鬼にとって桃はすこぶる相性が悪い。「桃は五行の精の仙木で、邪気を伏せ、百鬼を殺す力がある」(槇佐知子『日本昔話と古代医術』、三九頁)といわれるように、桃には鬼を殺傷する呪力があると信じられていたからだ。

桃の実の呪力といえば、『古事記』にも有名な話がある。黄泉の国を訪れたイザナキは亡き妻イザナミの屍体が腐りかけているのを見て逃げ出す。イザナミは恥をかかされたといって、黄泉の国の醜女《しこめ》をはじめ雷神や軍勢たちに夫のあとを追わせる。イザナキは黄泉比良坂《よもつひらさか》の麓まで逃げてきたところで、そこに生えていた桃の木から実を三個取って追っ手に投げつけると、みな退散したという。黄泉の国は死霊が住む世界であり、醜女、雷神、軍勢は死のケガレを擬人化したもので、醜女は女の鬼であり、雷神、軍勢も鬼のたぐいである。桃の実にはケガレや邪気を祓い、鬼を殺傷する呪力があること示している。したがって桃から生まれた桃太郎が鬼退治に行くのは最初から運命づけられていたといってもよく、そこにこの昔話の象徴的な意味がこめられているように思われる。

ちなみに桃太郎の家来になる犬、猿、雉は「どれも老化させ、侵し、滅ぼす象意をもつものばかり」（同前、一二八頁）といわれ、やはり鬼退治には欠かせない呪力を帯びた動物であった。

桃から生まれた桃太郎は桃の精の化身である。別の言い方をすれば、桃のなかには桃太郎の魂がこもっていたのである。桃は一種のカヒであり、カヒのなかにこもった魂がある一定の期間をへて人間として誕生する。カヒは容器であり、そのなかで物が煮られたり、発酵したり、酒が生じたりする。たとえば『播磨国風土記』宍禾《しさは》の郡には庭音《にはと》の村の地名由来が語られている。大神の御乾飯《かれいひ》が濡れて糀《こうじ》が生じた。そこで酒を醸させて、それを庭酒として献《たてまつ》って酒宴を催した。だから庭酒《にはき》といい、今の人は庭音と言っているという。これは酒の醸造の始まりが地名の由来になった話である。

甕のなかに入れておいた乾飯が酒に変わるのは、乾飯が死んで酒に生まれ変わることであり、甕という容器のなかで乾飯の死と再生が行われたことを示している。これと同じようにカヒのなかにこもった魂がしばらくするとこの世のものとして再生する。カヒは物質の変容を可能にする容器であり、そのなかには死と再生のエネルギーが封じ込まれている。したがって「桃太郎」の昔話も、正確にいえば桃のなかにこもっていたのは桃太郎自身ではなく、その魂（＝桃の精）とみるべきで、魂が桃のなかにこもっているうちに充実して桃太郎として誕生するのである。それはちょうど蚕と繭の関係にも似ている。蚕が繭の中にこもっていると、じきにサナギになり、最後は蛾となってそこから出てくる。蚕の変容は死と再生の繰り返しであるから、蚕がこもっていた繭もまた死と再生のエネルギーを封じ込めた容器であることがわかる。

「桃太郎」と同類の話に瓜から生まれる「瓜子姫」の昔話がある。瓜も容器でありカヒである。瓜子姫の魂が瓜というカヒのなかにこもっていると、魂が充実して瓜子姫としてこの世に再生するのである。本来なら他界からやってきた魂は人間の母胎に宿ってこの世に再生するわけだが、桃太郎や瓜子姫の魂は母胎ではなく果実のなかに宿り、月が満ちてこの世に再生をはたすのである。これも異常出生譚の一種とみることができる。

昔話「瓜子姫」の類話に『御伽草子集』所収の「瓜姫物語」がある。これは畑で瓜を栽培して生計を立てている子ない老夫婦の話で、あるとき世にも美しい瓜を畑から一つ取ってきて塗桶のなかに入れておいたところ、何日かして取り出してみると、瓜は美しい姫君になっていた。塗桶も容器であり、容器のなかにこもっていた瓜の精(=魂)が子供として再生するのである。「桃太郎」の昔話でも、お婆さんはただ桃を川から拾ってくるだけとはかぎらず、桃を家に持ち帰り、戸棚のなかにしまっておいたりする。戸棚のほかに、箪笥、長持ち、櫃などにしまっておくと語られる場合もある。戸棚にしろ、箪笥、長持ち、櫃にしろ、いずれもなかがうつろな容器であることからカヒとみることができる。先ほどの塗桶も同様である。桃がカヒであることはすでにみたとおりで、桃というカヒが、さらに戸棚や箪笥というカヒのなかに二重に包まれている状態である。そしてしばらくすると、桃のなかにこもった魂が充実して、桃太郎としてこの世に再生する。あの世のものがこの世のものとして誕生するには、カヒのような空間のなかにしばらくの間こもっていなければならない。

桃、瓜は果実であると同時に魂を入れる容器であり、果実が容器なら、果肉を取り除いたその殻もまた容器である。たとえばフレイザーが紹介するニューギニア北部のヤビム人の儀礼では、ココヤシの殻が魂を入れる容器とされている。ヤビム人は子供の霊魂を盗む水の精霊がいると信じ、子供が病気になり、水の精霊がその霊魂を盗んだとわかると、経験豊かな女性がココヤシの殻を紐で横木に結びつけ、それを持って川に行く。ココヤシの殻を水中に入れ、横木で釣り糸のように持ってココヤシの殻が水中を浮き沈みするように引っ張ると、水の精霊が子供の霊魂を持ってきてココヤシの殻のなかに入れる。女性はこの殻を家に持ち帰り、病気の子供をその水で洗う。こうして子供は失われた霊魂をとり戻すのだという(『金枝篇―呪術と宗教の研究3』、二六八―九頁)。ココヤシの殻が霊魂の容器と考えられているのである。

子供が病気になるのは霊魂が身体から遊離したためで、ヤビム人は水の精霊が子供の霊魂を盗むと信じているのである。そこで失われた霊魂を取り戻すために、魂の容れ物である容器を用いて呪術をほどこす。ここでは魂の容れ物はココヤシの殻である。

ココヤシの殻もさることながら、それを扱う経験豊かな女性にも注目したい。この女性はどうやら魂にかかわる存在であり、子供の霊魂を取りもどす呪術に巧みであることから明らかなように、おそらく産婆の役割も兼ねていたのだろう。日本では産婆のルーツは巫女とされ、鎌田久子氏も、本来の産婆は「産神の司祭者あるいは産神の憑代となる巫女的性格をもつ者といってよいかもしれない」(「産婆」)といい、昔の産婆に巫女的な性格があったことを指摘している。昔の出産は産神を招いて行われる一種の神事であり、産婆は産神の司祭者として出産の場に立ち会うのである。産婆の役割をひとことで言えば、産神からあずかった魂を赤子に付与することであった。これが本来の産婆の姿であり、産婆は赤子の魂の管理者であった。ヤビム人の経験豊かな女性もおそらく魂の管理者であり、村に出産があれば産婆として駆けつけ、赤子を取り上げたのだろう。そして生児との関係はその後も持続し、子供が病気になれば、この事例にあるように、子供の失われた霊魂をとり戻す役目を負っていたものと考えられる。

魂の管理者

ヤビム人の経験豊かな女性と「桃太郎」の昔話のお婆さんには共通点があると言うと、にわかには信じてもらえないかもしれない。しかし「桃太郎」の昔話にかならずお婆さんが登場することは看過できないし、そもそもこの昔話はお婆さんの存在なくしては成り立たないといっても過言ではなく、とくに桃から桃太郎が生まれるまでの話を整理してみると、お婆さんの関与がいかに重要であるかがわかる。まずお婆さんが川へ洗濯に行くと、そこに桃が流れてくる。桃を拾って家に持ち帰り、戸棚のなかにしまっておく。そして何日かして戸棚を開けてみると、桃が割れて子供が生まれていた。お婆さんのこの一連の行動が桃太郎誕生につながるわけで、とくに桃が母胎の象徴であることを考えると、お婆さんには出産を助ける産婆、もしくはその前身である巫女という隠れた意味があるのではないかと思われる。そのあたりに論点を絞って、少し考えてみることにしよう。

「桃太郎」の昔話の原作が中国にあることはよく知られている。桃太郎の話は桃から小さ子が誕生するいわゆる異常出生譚とされ、伊藤清司氏によると、中国大陸には「小さ子」物語が多く、しかも小さ子の出生が果樹や果実を母胎とするものもあり、なかには「桃」の実から誕生した英雄譚も語られているという（『昔話伝説の源流』、二七五頁）。また漢方では、桃の実のなかにある仁を「桃人《とうにん》」または「桃仁《とうじん》」「桃核仁《とうかくにん》」とも言うそうで（『日本昔話と古代医術』、三八頁）、とくに「桃人」は小さ子や桃の精を思わせるし、そこから文学的イメージをふくらませて桃太郎説話が生まれたのかもしれない。いずれにしても「桃太郎」の昔話の原形が中国にあることは確かなようで、彼の地で生まれた物語がわが国に移入されて日本風に翻案され、完成するのが室町末期から江戸初期とされている。

「桃太郎」の昔話は「お爺さんは山へ柴刈りに、お婆さんは川へ洗濯に」というフレーズではじまる話が多く、この冒頭のフレーズも中国の桃太郎説話を下敷きにしているようである。中国の説話文学に詳しい清田圭一氏によると、お婆さんが川へ洗濯に行くのは、実はクリーニングのためではなく、水浴のためだという。しかし水浴といっても水遊びとは関係がなく、この場合の洗濯は禊と同じ意味で、古代中国でいう洗濯とは、「陽気が高まり草木の伸びが一通り終わった時期（現在の四月中旬）に川の水を浴びて心身を浄める禊を指す言葉」とされる（『幻想説話学』、四〇頁）。禊は巫女が神の託宣を聴いたり雨乞いをしたりする前に行う儀式であり、とくに川の流れのなかで薬草によって穢れを取り除くことから「洗濯」と言ったのである。

桃太郎説話の原作では、お爺さんの柴刈りと、お婆さんの洗濯がどうやら話の伏線として語られているようである。お婆さんが川へ洗濯に行くのは、いまも言ったように禊をするためであり、清田氏の言葉を借りると、「春の流れで心身を浄めた後に祖先の霊を降ろす儀式を執り行っていた」（同前、四〇頁）のである。一方のお爺さんの柴刈りにも、当然ながらこれに見合う儀礼的な意味があった。これは刈り取った柴を山頂で焚いて天の神の降臨を願うためであって、中国では祖霊は天の神と信じられていたらしい。お婆さんは神のよりつく女巫、お爺さんはそれを扶けるシャーマン（男巫）であり、国家祖神の意思を聴いて大衆に宣《の》るべき最高責任者であった。二人は言ってみれば邪馬台国の女王卑弥呼と、その弟にも似た関係であったはずだと清田氏は述べている。

さらに言えば、お爺さんが山頂で柴を焚くのは、危機に瀕していた国（今日の村か郡に相当）を救う目的で祖霊の降臨を仰いだのであり、そこに桃が流れてくるのも偶然ではなく、祖霊の意思によってなされた呪法だという。そして桃から生まれた桃太郎が鬼征伐をなし遂げて故国の危機を救い、この感動的な体験を子々孫々にまで語り伝えたのが桃太郎説話の最も原形に近いかたちであったらしい。

中国の桃太郎説話の原作と、日本の「桃太郎」の昔話との径庭は大きい。桃太郎説話が中国から日本に伝わり、日本人のあいだで語り継がれていくうちに、その背景にある中国の風習や儀礼が風化したらしい。その結果、本来の儀礼的な意味が換骨奪胎され、それと同時に、お爺さんとお婆さんもまた一介の貧しい老夫婦にされてしまったのである。しかしお爺さんはともかく、少なくともお婆さんの巫女的な性格だけはかろうじて残されたようである。先ほどもふれたように、お婆さんには桃太郎誕生に深くかかわる産婆としての役割が期待されているし、産神に仕える司祭者としての面影も感じられる。したがってお婆さんが川へ洗濯に行くのも、本来からいえば禊のためであって、桃太郎説話の原作を忠実になぞるとすれば、お婆さんが川で禊をしていると、そこに桃が流れてくるのである。

洗濯女

洗濯に禊の意味があったのは中国にかぎらず日本でも同じである。たとえば十二月十三日を「山姥の洗濯日」と呼んでいる地方がある。長崎県の各地では、十二月十三日または二十日頃を「山姥の洗濯日」といい、かならず雨が降るので、この日は一般に洗濯を控えるといわれている。しかしこの場合の洗濯にも禊の意味があったのではないだろうか。石上堅氏はこの伝承にふれて、山姥が「心身の禊をする日であったのであろう」（『日本民俗語大辞典』、一三五五頁）としているが、私も同感である。ここでいう山姥は山の神に仕える巫女のことで、この日は物忌のために山ごもりをした巫女が禊をする日であったのだろう。

一般に十二月十三日は正月の準備にとりかかる「事始めの日」とされている。正月に迎える年神を山の神や田の神とする地方は多く、また山の神と田の神が季節によって交替するという民俗学の伝承を考えると、年神と山の神は同格であり、山の神は正月には年神として山里を訪れると考えられていたようである。山の神に仕える巫女が正月の準備のために山にこもり、禊をするのが十二月十三日で、これを「山姥の洗濯日」と伝えられてきたのではないだろうか。

「山姥の洗濯日」の洗濯は禊のことだが、洗濯といえば、ふつうは衣服の汚れを取り除くいわゆるクリーニングの意味で使われるし、むしろこちらの方が私たちにはなじみが深い。洗濯になぜ禊の意味があるのだろうか。勝浦令子氏の指摘によれば、説経節の「苅萱」には洗濯は「月に一度の」という表現があり、これは女の血穢との関連が考えられるといい、とくに古代にあっては、洗濯は汚れた衣服を清潔にするというよりも、不浄なものを濯ぐことによって浄なるものへ変化させる「呪術的な行為」にむしろ力点が置かれていたのだという（「『洗濯と女』ノート」）。もともと「洗濯」には被服の汚れを取り除くという意味のほかに、ケガレを祓い浄化するという象徴的な意味があったのである。洗濯と禊が同義とされるのはそのためである。「命の洗濯」「鬼のいぬ間に洗濯」という俚諺が示すように、今日でも心身をリフレッシュする、気分転換をするという意味で「洗濯」という言葉が使われる。この場合の「洗濯」にはケガレを祓い浄化するという古代的な禊の意味がかすかに感じられるようである。

洗濯とは不浄なものから浄化されたものへ移行させる呪的なはたらきのことだとすると、生まれたばかりの赤子に産湯をつかわせることも一種の禊であり、洗濯といえるだろう。新生児はこの世のものともあの世のものともつかない両義的な存在である。古代の生命観によれば、赤子の誕生は新生というよりも再生と考えられ、産湯はそのときの蘇生の水とされた。あの世からこの世へよみがえるときの禊の水である。赤子に産湯をつかわせることで、赤子はあの世からこの世に再生する。洗濯には別の次元へ転換させる呪的なはたらきがあり、産湯をつかわせることは洗濯であり、赤子をこの世に蘇生させる呪術的な行為とみることができる。

産湯をつかわせるのは産婆の役目であり、産婆が洗濯女とも呼ばれるのはそのためである。洗濯に禊という意味があるのは、日本や中国にかぎらず西洋でも同じである。イヴォンヌ・ヴェルディエによると、フランスの地方では、一人の「おばさん」がお産を助けると同時に、死者を屍衣に包む役目をはたしていたという。「おばさん」は「洗濯女」ともいい、日本でいえばさしづめ産婆にあたる。産婆が洗濯女とも呼ばれているのである。「生まれてくるもの者よ、お前は二度洗われるだろう。一度は、生まれおちたとき、そして二度目は死にゆくとき」といい、まるで人の一生を予言するかのように、万事が洗濯女の手でことが運ばれるのだという（『女のフィジオロジー』、一〇五－六頁）。産湯と湯灌が同じ位相でとらえられ、同じ洗濯という言葉で表現される。「洗濯をしない間は、死者が旅立てない」とも言われる（同前、一三六頁）。同じことは生まれたばかりの赤子についても言えるだろう。赤子は洗濯をしない間は、この世に生を受けたことにはならない。洗濯する前の赤子はまだ異界のものとみなされたのである。

これは日本でも事情は同じで、産婆が赤子に産湯をつかわせることを「洗う」という地方がある。また産婆のことを京都府野中では「アライバサン」といい、取り上げられた赤子は「アライマゴ」と呼ばれる(『日本民俗地図』V、二五九頁)。島根県吹野のように産婆を「洗イアゲ婆サン」と呼ぶ例もある(同前、三一五頁)。「洗う」も「洗濯する」も意味は同じで、いずれも産湯をつかわせるという意味である。『日本産育習俗資料集成』にしたがって、もう少し例をあげると、「昔は産婆がたらいの外に腰かけ、両足をたらいのうちに入れその足の上へ赤ん坊を乗せて洗った」(三重県鈴鹿郡)、「昔は産婆はたらいの中に足を入れその足の上で嬰児を洗った」(三重県一志郡竹原地方)、「産婆は湯を使う時は腰をかけてたらいの中に両足を入れ、初生児をその上にのせて洗い、…」(滋賀県坂田郡柏原村)など、赤子に産湯をつかわせることを「洗う」といっている。生まれたばかりの赤子は洗われたり洗濯されたりすることで、はじめてこの世に生を受けるのである。

ちなみに『日本産育習俗資料集成』から引用した事例では、産婆は両足を盥のなかに入れ、足の上で赤子を洗ったりしているが、このいささか奇妙な所作については、のちほどあらためて俎上にのせたいと思う。

産湯の意味

洗濯は別の次元へ移行させる呪術的な行為であったとすると、そのさい使われる産湯にも特別な意味があったのだろう。ウブユ(産湯)はウブとユの合成語で、ウブは魂という意味である。とくに赤子や幼児の肉体に宿る魂はウブと呼ばれ、大人のタマとは区別されたのである。一方のユはどういう意味かというと、これについては折口信夫の説が参考になる。それによると、ウブユのユは「ゆかはみづ」の省略形とされ、ユカハは「斎川《ゆかは》」のことで、もとは潔斎に用いられる場所のことをいったもので、そこから湧き出る神聖な水を「ゆかはみづ」といい、それがつづまって「ゆのみづ」あるいは「ゆみづ」になり、最終的には「ゆ」という極端に省略されたかたちに落ち着いたのだという(『折口信夫全集』第二〇巻、七七－八頁）。「ゆかはみづ」はもともと常世から時を定めて運ばれてくる呪力を帯びた水というのが折口の考えで、その根拠の一つとなったのが沖縄民謡の平敷節の次の歌詞であったらしい。これは折口自身が「水の女」のなかで引用している（『折口信夫全集』第二巻、一〇三頁）。

源河走河《ヂンガハシリカア》や。水か、湯か、潮《ウシユ》か。源河みやらびの御甦生《ウスヂ》どころ。

源河走河、つまり川から流れてくる水は、湯であり潮でもあるという。水と湯と潮が同格とされている。常世から潮に乗って運ばれてくる「ゆかはみづ」は通常の水よりも温かく、そのために湯とも称したとされる。水と湯と潮が同格とされるゆえんである。古代では水を湯とも称していたのであり、湯が今日いうような温湯を意味するようになるのははるか後代のことで、だから産湯についても、「冷水を用いた時代のあったことを含めて考えなければ当たらない」と折口は言う（『折口信夫全集』第二巻、一四二頁）。

海水で禊をする川下りや浜下りも、もとは時をかぎって打ち寄せる常世波を浴びることにあったらしい。折口は「常世浪は皆いづれの岸にも寄せて、海の村の人の浜下り・川下りの水になる」と述べている（『折口信夫全集』第二巻、一二〇頁）。常世波はウブ（＝魂）の付着した水であるからウブユである。それはまた禊の水であり、蘇生の水でもあった。「満潮時に赤子が生まれる」という俗信は今でも生きている。これも赤子の魂は常世からはるばる波に乗って運ばれてくるという日本人の古い記憶とどこかでつながっているのだろう。

折口によれば、ウブユのユは「ゆかはみづ」の省略形で、ユカハは斎川のことであった。「ゆかはみづ」が「ゆ」に簡略化されると、その音からしても「湯」と誤解されやすい。五来重氏は、「斎」が「湯」に誤解された一例に熊野本宮の大湯原があると指摘している。熊野本宮の旧社地は明治二十二年までは音無川、熊野川、岩田川の三つの川が合流する中洲のなかにあった。この中洲を大湯原といい、「湯」は「斎《ゆ》」で「清める、潔斎する」という意味だとされる（『山の宗教』、二〇頁）。大湯原は大斎原が原義である。中洲へ渡るには、どうしても水のなかを越えていくことになる。この川の水が斎川水で、足を斎川水に浸しながら徒渉することで身体が清められる。旧熊野本宮は斎川水によって隔てられた聖地であり、別天地という意味合いがあったらしい。斎川水は聖と俗を分かつ境界である。この境界の向こう側にあるのが旧熊野本宮で、そこは内なる異界であり、斎川水を隔てて現世と異界が対峙する構図である。

折口の説にしたがえば、ウブユのユはユカハミズが原義で、ユカハ（斎川）から湧き出る神聖な水のことである。その水は常世から波に乗って運ばれてくる呪力を帯びた水であり、一方のウブは先ほども言ったように魂という意味だから、ウブユは要するにウブ（＝魂）の付着した神聖な水ということになる。ウブユは赤子がこの世に生を受けるとき、かならず浴びなければならない魂の水であり、このウブユに対応するのがウブスナであろう。ウブスナのウブも魂という意味で、ウブスナは「魂の付着した砂」というのが本来の意味だと考えられる。谷川健一氏も、ウブを魂としたうえで、「ウブスナとはウブの呪力のついた砂、あるいはウブ神によって聖別された砂をさすものであろう」と述べている（「古代人のカミ観念」）。

古代の産屋が土間であったことは『古事記』や『古語拾遺』が語るトヨタマビメのお産の話からも推測できる。トヨタマビメは海辺に産屋を建ててウガヤヒキアヘズノミコトを生んだが、『古語拾遺』によると、「蟹守連《かにもりのむらじ》が遠祖《とほつおや》天忍人命《あめおしひとのみこと》、供《つか》へ奉り陪侍《ばべ》り。箒《ははき》を作りて蟹《かに》を掃《はら》ふ」とあり、蟹守連が箒を作って蟹を掃ったという。海辺に建てた産屋であれば、蟹が産屋のなかに入り込むことも十分に考えられる。もっとも、ここでいう「蟹を掃う」は追い払うのではなく、逆に蟹が逃げ出すのを防ぐ意味だとされる。これは岩波文庫本『古語拾遺』の補注の説で（八一頁）、蟹が水霊もしくは水神の使徒ともみなされたことを考えれば、妥当な見解であろう。蟹は赤子の身体に宿るべく魂を運んでくると信じられたようで、そのために産屋から蟹が逃げ出さないように箒でかき集めたのである。

いずれにしても、この蟹守の故事は古代の産屋が土間であったことを示唆しているし、しかも海辺であるから土間は砂地であり、その土間の砂をウブスナと呼んだらしい。もう少し厳密にいえば、産屋によって取り込まれた屋内の土間の砂がウブスナである。産屋はこの世とあの世の境界に位置し、産屋そのものが内なる異界とみなされたから、土間の砂は谷川健一氏が言うように、「ウブ神によって聖別された砂」であり、つまりはウブスナにほかならない。そして産屋が海辺から遠く離れた山里でも建てられるようになると、土間にわざわざ砂を敷いて、その上に産褥を設けた。この砂もウブスナであり、赤子はウブスナの上に産み落とされるのである。そしてその直後に、赤子はウブユで洗われる。

ウブユ（産湯）はウブ（＝魂）の付着した聖水だが、あの世の穢れを洗い流す蘇生の水でもある。赤子はあの世からやってくるとみなされたから、産湯はあの世の穢れを洗い流し、この世に再生させるための呪力を帯びた水にほかならない。正確にいえば、あの世からやってくるのは赤子自身ではなく、その魂であり、魂は産湯を浴びてこの世に再生するのである。もっとも、魂は目に見えないから、魂がこの世に再生したかどうかを確認することはできない。それを目に見えるようにしたのが産湯の儀礼である。産婆が赤子を産湯につかわせるのは、魂のこの世での再生を視覚化したもので、これについてはのちほどあらためて取り上げることにしたい。

産湯と常世信仰

魂がこの世で再生すると、産み落とされた赤子の体内には魂が宿りはじめる。これで赤子はこの世に生を受けたことになる。だから間引きをする場合は、赤子に産湯をつかわせる前に行うのが原則である。しかし不幸にも、産湯を浴びてしまった赤子が間引きされることもあった。たとえば奈良県の内原では、「昔はよくいらん子をひねって殺し、カラウスの踏ミジリの下に埋めた。いったんユダラ（産湯のたらい）に入れたら、墓へ持って行った」という（『日本民俗地図』V、二八九頁)。これと同じような風習は全国各地にみられた。いちど産湯を浴びれば体内に魂が注入され、この世に生を受けたとみなされる。生を受けたものは人の子であり、人の子が死ねば死者であることにかわりはないから墓に埋葬するのである。同じ赤子の屍体でも、人の子かそうでないかを判別するのは微妙で、その線引きはひとえに産湯の儀礼にかかっていたのである。したがって産湯を浴びるか否かは、赤子にとっては文字通り生死を決める重要な試練であり通過儀礼であった。

しかし時代をさかのぼると、一般に七歳以下の子供は墓に埋葬せずに処理されたらしい。斎藤研一氏によると、『仲資王記』建永二年(一二〇七)七月二九日条には、七歳以下の子供が死ぬと、仏事はいとなまず、袋に納めて遺棄するのを通例とする記事がみられるという(『子どもの中世史』、一九〇頁)。遺棄するというと残酷に聞こえるかもしれないが、これは子供の魂を再生させるための手続きとみるべきで、子供を納めた袋は胞衣もしくは羊膜ともみなされ、魂を再生させるための容器、つまりは疑似母胎でもあったのだろう。「七歳までは神の内」と言われるように、七歳以下の子供は神の管理下にあり、たとえ死んでも魂はこの世にとどまり、いずれ別の肉体に宿って再生するものと信じられた。そして魂が再生するとき、その容器である肉体はあらためて産湯を浴びることになる。

ウブスナもウブユも日本人の心のふるさとともいうべき常世からはるばる波に乗って運ばれてくると信じられた。常世は他界の一種で、仏教や儒教が伝来する以前の日本では常世信仰がさかんであった。前にも言ったように、日本の国土は周囲を海に囲まれた島国であることから、海上はるか彼方に常世を想定していたようである。そして時をかぎって常世から常世波が押し寄せてくると信じ、ウブスナもまたその常世波にのって運ばれてくると考えられた。あるいは常世波に洗われた海辺の砂には霊力があり、これがウブスナともみなされた。ウブスナは魂の付着した聖なる砂で、生まれてくる赤子はこのウブスナから魂をもらい受けるのである。ウブスナとウブユは魂の付着した聖なる砂であり水であり、聖なるものは常世から波に乗って運ばれてくるのである。その具体的なイメージは、神話の世界で言えば、スクナビコナノカミが常世から波の穂に乗って渡ってくる話にみることができるように思われる。『古事記』はそのときの様子を次のように語っている。

波の穂《ほ》より天《あめ》の羅摩船《かかみぶね》に乗りて、鵝の皮を内剥《うつはぎ》に剥《は》ぎて衣服《きもの》に爲《し》て、歸《よ》り來《く》る神有りき。

第一章でもふれたように、スクナビコナノカミはその名のごとく小さな神で、波の穂より天の羅摩船に乗り鵝《ひむし》の皮を衣服にしてやって来たという。カガミは多年生蔓草の蘿藦《ががいも》の古名。その実は細長く、割ると舟の形になるといわれる(『古事記・上代歌謡』、一〇九頁、頭注)。鵝は蛾の誤りとも。そして大国主神と国作りを終えたのち、「其の少名毘古那神は、常世國《とこよのくに》に度《わた》りましき」とあり、スクナビコナは常世へ帰って行ったという。この神は稲種や粟種など穀霊を神格化した小さな神で、稲粒や粟粒のような小さな神であればこそガガイモの実を舟にして波の穂に乗ってやってきたのである。これはウブスナやウブユが常世から波に乗って運ばれてくるイメージとも重なり、要するに神霊や聖なるものは常世から波に乗ってやってくるのである。

古代の生命観によれば、生命の誕生は魂の再生でもあるから、出産は魂のふるさととも いうべき常世から魂を迎える一種の神事であった。赤子は常世から運ばれてくる魂を身体に受けて、はじめてこの世に生まれたことになる。周囲を海に囲まれた日本では、常世に最も近いのは海辺である。海辺は境界であり、古代の産屋が海辺の渚の近くに建てられたのもそのためで、トヨタマビメが海辺の渚に産屋を建ててお産をした話はすでに紹介した。

時代ははるかに下がって、江戸中期の全国各藩の風俗慣習を調査した報告書がある。それが『諸國風俗問状答《といじょうこたえ》』で、そのうちの「越後国長岡領風俗問状答」には、「産所は明の方にむかはず、新潟にては湊にむかはするやうにもすとぞ」とあり、産所は明《あき》の方ではなく、海の方に向けるという。これについては直江広治氏の解説がある。それによると、神々がニライから潮にのって人間界にやってくるという沖縄のニライカナイ信仰と関係があるのではないかという（日本の子どもの歴史　3『武士の子・庶民の子』上、一三五頁』）。沖縄のニライカナイ信仰は海上他界信仰だが、これは本土でいえば常世信仰にあたる。これから生まれようとする赤子の魂は常世から運ばれてくる。産所を海の方に向けて建てるのは、常世信仰と関係があって、おそらくウブ（＝魂）を迎え入れるためだと考えられる。ここにも常世信仰の名残がみられるようである。

赤子は産み落とされた直後に身体に魂が注入される。しかし生後間もない赤子の魂は不安定で身体から抜けやすく、そのために魂の更新が行われる。このときも産湯の儀礼をともなうのが一般的である。たとえば沖縄で生後間もなく行われる「川下り」も魂の更新が目的のようで、牧田茂氏の説明では、伊計島では赤子が誕生して数日後に川下りを行う。丈夫な子を二、三人産んだ女性が桶を持ち、健康な七、八歳の女の子が汚れた着物を頭にのせてインナ川で水を汲み、その前の海で汚れを洗う。インナ川で汲んだ水はウブミズといい、冷たいうちに赤子の額に指でつけるようだという。これを初水を拝ませるといっている。それから残りの水で湯を沸かし、赤ん坊にウブユをつかわせるという（「人生の歴史」）。ここではウブミズとウブユを使い分けているが、もとは同じ聖水とみられる。古代では水を湯とも称し、水と湯と潮がもともと同格であったことはすでに述べた。

子供が七歳になると、地方によっては川下りと同じような行事をする。上総夷隅郡東部沿海地方では、七歳になると六月二〇日に精進して、海岸に出て水垢離をとり、氏神に詣でる。これをウラオリという（『産育習俗語彙』、四二三頁）。ウラオリは「浦下り」の意であろう。これは川下りや浜下りと同じで、海に近い地方であれば浜下り、浦下りで、山里であれば川下りである。目的はやはり魂の更新であり、古くなった魂を新しい魂に入れ替えるのである。新しい魂を他界から迎えると同時に、古くなった魂を他界へ送り返す。これが魂の更新である。海や川は境界であり、とくに魂を運ぶのは水であるから、魂の往還に最もふさわしいのは海辺や川辺である。これも魂は常世から運ばれてくるという古い信仰の残滓であろう。

船と女性

常世は他界であり、現世と他界の間は水によって隔てられている。水域を航行する乗り物は船であり、スクナビコナもガガイモの実を舟にしてこの世にやってきた。「桃太郎」の昔話でも、桃が川上から流れてくるのをみると、桃は他界から波に乗って運ばれてきたことが想像できる。川も境界であり、他界につながっていると信じられたからだ。すでに述べたように、この場合の桃は容器であり、一種のカヒである。容器と船は、一見すると別のように思われるかもしれないが、船はかならずしも流線型の船だけを意味するわけではない。船は元型的には母胎や容器と同じであり、船＝容器（母胎）と考えるべきで、これは言語的にも裏付けることができる。エーリッヒ・ノイマンは、多くの言語では船と容器は同じ言葉で表わされるといい、たとえばドイツ語のKanne（壺）とkahn（小舟）の語源は等しいという（『グレート・マザー』、二八四頁）。壺は容器であり、とりわけ母胎のイメージが濃厚である。またオットー・ランクも、古高ドイツ語では舟（sksf）と容器（skef）をあらわす名称は似通っていて、ラテン語scaphaの関係もこれに似ていると述べている（『英雄誕生の神話』、一四一頁）。英語のboatにも舟と容器の二通りの意味があるらしい。

日本語でも湯船、酒槽《さかぶね》など、とくに液体を入れる容器は船と呼ばれる。『日本霊異記』上巻第三話には、雷が少童の姿になって農夫の前に落ちてきたことが語られている。雷は農夫にたのんで、楠の船に水を入れてもらい、そこに浮かべた竹の葉に乗って昇天する。原文には「我が為に楠《くす》の船を作り、水を入れ、竹の葉を泛《うか》べて賜へ」とあり、この場合の「楠の船」も容器をさしている。そのほか棺や棺桶も「ふね」であり、卑近な例では、刺身を盛る底の浅い容器も「ふね」という。また『字訓』によると、漢字の舟・般・盤・受などはすべてもとの舟の形に従い、その本義はみな容器であったという（六六四頁）。このように容器と船がもともと同じであるのは、言葉や漢字の成り立ちからいっても明らかである。

船と容器の関係は、とりわけ船と女性を同一視する民俗儀礼にもみられる。船の守護神は船霊《ふなだま》様と呼ばれ、船の帆柱の下の穴に女性の毛髪や人形などをおさめ、これを一種のご神体とする。船霊様に奉仕するのはもっぱら女性で、オフナサマなどと呼ばれ、船下しのときには船霊様に扮すこともある。女が一人で乗船すると船霊様が嫉妬するともいわれ、船霊様も女性の神とみられているようである。ランクは、「船乗りたちの目に写る船が女性的な意味を持っている」と述べている(『英雄誕生の神話』、二一九頁、注)。船は容器であることから女性とみなされるのである。船には女性を乗せないという禁忌も、船そのものが女性であることから同性を嫌うためであり、もとはといえば船＝女性という元型的なイメージに由来するのだろう。女性と船との関係は、それだけ根が深いということである。

船と容器はもともと同じもので、容器は元型的には母胎であるから、船－容器－母胎はいずれも同じイメージを共有している。船の形をとるのは、それが水域を航行するからで、容器といっても同じことである。

水の流れを制御する

船と容器が同じだとすると、「桃太郎」の昔話で川上から流れてくる桃を一種の舟とみることもできるだろう。すでに述べたように、桃のなかには桃太郎の魂がこもっていた。桃太郎の魂は桃という舟に乗って他界からやってきたのであり、考えてみれば、これはちょうどスクナビコナがガガイモの実を舟にして常世からやってきたのと同じ構図である。神霊や魂は船すなわち容器に乗って海や川からこの世にやってくるのである。

全国に分布する「桃太郎」の昔話を調べてみると、川上から流れてくるのはかならずしも桃とはかぎらず、手箱や香箱などもあり、なかには袋というのもある。桃を含めこれらはみな容器であり、桃太郎の魂は容器のなかにこもった状態で水に乗って運ばれてくるのである。さらに注意したいのは、流れてくる桃や箱のたぐいは一つではなく、二つというのも多く、そのうちの一つに桃太郎の魂が入っている。お婆さんは魂の入った桃や箱の方を確実に選んで拾い上げるのである。その選別法も話によってまちまちで、『日本昔話大成』(三)からいくつか例をあげてみよう。

「赤い手箱こっちへ来い、黒い手箱あっちへ行け」(福島県双葉郡)
「軽い箱はあっち、重い箱はこっち」(福島県双葉郡)
「実のある香箱こっちに来い。実のない香箱あっち行け」(新潟県中頸城郡)
「川上から白と赤の袋が流れて来て、赤い方を婆が呼んで拾う」(山形県最上郡)
「青い桃と赤い桃が流れて来る。婆は赤い桃を呼んで拾ってくる」(宮城県栗原郡)
「実のある手箱はこっちい来い。実のない手箱はあっちい行け」(山梨県西八代郡)

お婆さんは水の流れを巧みに操りながらお目当ての桃や箱を自分の方に引き寄せる。お婆さんは、少なくとも世間一般にいう老女でないことはたしかで、水の流れを制御したり、箱や袋のなかの魂を自在に操作したり、特殊な霊力をもつ女性であることがわかるだろう。前にも述べたように、「桃太郎」の昔話に登場するお婆さんには産婆、もしくはその前身である巫女的な性格があり、そのことはこの場面でも確認できるのである。水の流れを制御する、魂を引き寄せるといえば、とっさに頭に浮かんでくるのは、わらべ唄の「ほたるこい」ではないだろうか。

ほう　ほう　ほたる　こい
あっちのみずは　にがいぞ
こっちのみずは　あまいぞ

ほう　ほう　ほたる　こい　（秋田地方のわらべ唄）

子供のころ何気なく口ずさんだ唄だが、あらためて考えてみると不思議な唄である。蛍はむろん魂の化身であって、蛍そのものを魂とみなすこともある。『和泉式部歌集』には「物男に忘られて侍りけるころ、貴船にまゐりて、みたらし川に蛍のとび侍りけるを見て詠める」と題した有名な歌が収められている。

思へば沢の蛍もわが身よりあくがれ出づる魂《タマ》かとぞみる

男を思うあまり、身体からあくがれ出た魂が蛍となって闇に飛びかうというのが歌意。蛍を魂の化身とみていることがわかる。わらべ唄の「ほたるこい」の蛍も魂の化身であり、甘い水をこちらに引き寄せながら「ほたる　こい」と魂に呼びかけている。甘い水と苦い水を分けるのは水を制御することであり、この唄そのものが魂をこちらへ引き寄せる一種の呪法ともとれる。盆に先祖の霊を迎えるときの呪文のようでもあり、それに節がついて、いつしかわらべ唄となり、子供たちの口の端にのりながら今日まで伝えられてきたのかもしれない。蛍狩りは初夏の風物詩であり、これに祖霊を迎える盆行事が重なり、そこからわらべ唄が生まれた可能性は十分に考えられる。いずれにしても唄の内容は「桃太郎」の昔話のお婆さんが「実のある香箱こっちに来い。実のない香箱あっち行け」などといって、水の流れをコントロールしながら魂を引き寄せるのとよく似ている。

水の流れを制御するのはもっぱら水神系の神である。水神は水をつかさどる神であり、このことは日本神話が語る海幸山幸の説話でも示唆されている。周知のように、これは海の獲物をとる道具と山の獲物をとる道具を交換した兄弟の話である。山幸彦の火遠理命《ほおりのみこと》は兄の火照命《ほでりのみこと》の道具を借りてみたものの、魚は一匹も釣れなかったばかりか、兄の大事な釣針を失くしてしまった。火遠理命が海辺で途方にくれていると、そこに塩椎神《しおつちのかみ》がやってくる。事情を聞いた塩椎神は命を海神宮《わたつみのかみのみや》に渡らせる。海神宮を主宰するのは海神である。海神に相談すれば、失くした釣針の手掛かりがつかめるかもしれない。そう思って塩椎神は命を海神宮に渡らせたのである。海神宮に到着した火遠理命はそこで海神の娘トヨタマビメと三年間の結婚生活を送る。そして兄の大事な釣針も見つかり、いよいよ帰国の途につくが、そのさい海神から呪法を授けられる。海神は海を領する神だが、『古事記』によると、「吾《あれ》水を掌《し》れる故に」とあるように、水を管掌する水神でもあったらしい。水は雨となって天から降ってくる。雨は人々に平等に与えられる水であり、『万葉集』には海神に雨を乞う長歌がある。

…山のたをりに　この見ゆる　天の白雲　海神《わたつみ》の　沖の宮邊に　立ち渡り　との曇り合ひて　雨も賜はね

（巻第十八－四一二二）

山の窪みにかかる白雲が海神のいる沖の宮の方まで立ち渡って、雨を降らせてくださいという。海神が雨や水をつかさどる神であることはこの長歌によっても明らかである。雨乞いは農耕儀礼の一環として行われることが多く、海神が火遠理命に授ける呪法も稲作にかかわっている。海神は言う。兄君の火照命が高田を作るのであれば、あなた様は下田を作りなさい。そうすれば、「三年の間、必ず其の兄貧窮《まづ》しくあらむ」と。兄君の田に水を送らないようにすれば、三年の間に兄君はきっと貧しくなるにちがいありませんと言って、海神は水を制する呪法を火遠理命に授けるのである。

「桃太郎」のお婆さんも水を自在に操っているところをみると、彼女には水の神に由縁をもつ巫女としての片鱗がうかがえる。あるいは水の神に仕える司祭者としての面影が感じられるともいえる。少なくとも、その流れをくむ女性のイメージが反映されていることは間違いなさそうである。

壬生部と湯坐

お婆さんには桃太郎誕生にかかわる産婆的な役割が期待されていることはすでに述べたが、水の神、産婆といえば、貴人の御子の養育にあたった壬生部《みぶぶ》という職掌のことが思い出される。壬生部の職掌の中心は、乳母の役をはじめ幼児に湯をつかわせることにあり、『古事記』の垂仁天皇に「御母《みおも》を取り、大湯坐《おほゆゑ》、若湯坐《わかゆゑ》を定めて、日足し奉るべし」とあるのはそのことを指しているようである。これによれば、乳母をつけ、大湯坐・若湯坐を定めて育てるとある。湯坐は産湯をつかわせる専門の女性のことで、大湯坐と若湯坐の区別があるのは、いわば主役と脇役の関係であり、若湯坐は介添役であったらしい。かつて水を湯とも称していたことはすでにみたとおりで、湯坐の湯もかならずしも温湯とはかぎらず、呪力を帯びた聖水のことである。

壬生部については折口信夫の解説がある。それによると、湯坐の坐は「ものを据ゑるという語であるから、要は湯の中に、入れすゑ取扱ふといふことにある。後世のとりあげ、即、助産する事になるのである」。そして湯坐と若皇子の関係は、民俗学でいうトリオヤとトリゴの関係でもあるとされる(『折口信夫全集』第二巻、一四一頁)。また『新撰姓氏録』の反正天皇のみあれにあずかった丹比《たぢひ》宿禰の伝えには、瑞歯別命《みずはわけのみこと》の誕生のとき、丹比部の祖先色鳴《しこめ》宿禰が天神寿詞《あまつかみのよごと》を奏したとあり、この寿詞を奏上する間に、「みぶに選ばれた女子が水に潜って、若皇子をとりあげる」のだという(同前、一四二頁)。

折口が言う「水に潜って」という表現はいささか大げさすぎるように思われるかもしれないが、これは水中から出現した水の女神が禊をすすめる神でもあったという日本人の古い記憶を下敷きにしているからで、これがのちに「身体を水に浸して」という意味に変化する。実際は湯坐が若皇子を湯のなかに入れ据えて、みずからも身体を水に浸して取り上げるという意味であろう。

　折口は「壬生」の語源にもふれ、「壬生」は「入部」とも表記され、これを「みぶ」と訓じていることから、にふべ→みふべ→みぶと音転したようだと言い、「にふべ」の「にふ」は丹生《にふ》でもあり、壬生の語源をさかのぼると、丹生の水神の信仰と結びつくという（同前、八七頁）。丹生の女神は禊に関係のある神だから、水の女神に由縁のある女子が若皇子の産湯をはじめ養育にかかわっていたことになる。そして皇子が成人すると結婚したというのが折口の説である。

　前述したように、トヨタマビメはウガヤフキアヘズを生むとき、出産の場を夫のホヲリノミコトに覗き見されたのを恨んで、生まれたばかりのウガヤフキアヘズを渚に置いたまま海神宮に帰ってしまった。その後、トヨタマビメは妹のタマヨリビメを別れた夫のもとへ送り、ウガヤフキアヘズを養育させたという。タマヨリビメは乳母としてウガヤフキアヘズの養育にあたったのである。そしてウガヤフキアヘズは成長して乳母のタマヨリビメと結婚するが、これは皇子が成人すると乳母と結婚するという折口の説を補完するものであろう。海神宮を主宰する海神は水を支配する神でもあり、娘のタマヨリビメもその血筋を引いている。水の女神としての性格を帯びているといってもいい。そして若皇子の産湯や養育の役で奉仕する家系が水の神の系譜に連なることは、神話によっても裏付けられる。

　京都の下賀茂神社にはタマヨリビメが祀られている。神社本殿の東側には御手洗社があり、池のなかに石の井戸枠があって、その上に社が建っている。つまり湧泉がご神体とされているわけで、これは岡田精司氏が指摘するように、タマヨリビメの水神的な性格をあらわしているとみていいだろう（『京の社』、四一―二頁）。

　若皇子誕生のさい、産湯をつかわせる湯坐の職掌は後世のトリアゲにつながると折口信夫は言う。トリアゲは産婆の仕事であり、民俗学では産婆はトリアゲバア、ヒキアゲババなどとも呼ばれ、トリアゲバアはトリアゲル、ヒキアゲババはヒキアゲルという動詞形がもとになっている。トリアゲル、ヒキアゲルの意味については、すでに鎌田久子氏が言及している。それによると、ヒキアゲルとは「生前からこの世に子供の生命を引きあげる、この世の仲間に引き入れる」意味だとされる(「産婆」)。鎌田氏の説はほぼ定説とされているようだが、私なりに補足すると、古代の生命観によれば、人間は魂と肉体の統一体で、生命をつかさどるのは魂であり、肉体はその魂を入れる容器にすぎないと考えられた。人間の死は肉体の消滅であって、魂の消滅ではなかった。肉体が消滅すると、死者の魂は他界に送られ、そこで清められ、ふたたび人間の肉体に宿って再生する。これが人の誕生であり、生命の誕生は魂の再生でもあった。出産が産神を迎えて行われる一種の神事であったのも、要は魂を他界から迎え入れることに重点が置かれていたからで、このような古代的な生命観に引き寄せていえば、あの世からトリアゲルのは生命というよりも魂と言い換えた方がわかりやすいだろう。あの世から取り上げるのは赤子の魂であり、その役割を担っていたのがトリアゲバアとかヒキアゲババと呼ばれる産婆であった。

ただ注意したいのは、産婆といっても、トリアゲバアやヒキアゲババが実際に助産をすることはなかったようである。たとえば愛知県下では、トリアゲババサは産婦のそばにただ坐っているだけで実際の助産はしなかったし、島根県邇摩郡馬路町でも、ヒキアゲ婆さんと、もうひとり腰だき婆さんをたのんだという。腰だき婆さんが実際の助産をしたらしい。

賀茂神社の御蔭祭

出産にはヒキアゲ婆さんにくわえ、腰だき婆さんが介添え役としてつくのが一般的であった。ヒキアゲ婆さんも腰だき婆さんも産婆であることにかわりはないが、二人の役割には微妙な違いがあったようである。大藤ゆき氏も、産婆には二通りあると言い、ひとつはたんに助産だけをする「技術的なトリアゲ」で、生児との関係は出産とともに切れてしまう。もうひとつは「精神的なトリアゲ」ともいうべきもので、子供が青年期に入るまで、あるいは一生の間、取り上げ親として親子の関係を維持するという。そして後者が古風な産婆の役目であったようだという（『児やらい』、五七頁）。大藤氏が言う「技術的なトリアゲ」は腰だき婆さんのことで、分娩を手助けするわけだが、赤子の魂まで取り上げることは期待されていなかったように思う。しいていえば魂の容器である肉体だけを取り上げる。それが技術的な産婆の仕事であり、魂を取り上げるのはトリアゲバアとかヒキアゲババと呼ばれる本来の産婆の役割であった。大藤氏は産婆には「技術的なトリアゲ」と「精神的なトリアゲ」の二通りがあると言うけれども、前者を「肉体を取り上げる産婆」、後者を「魂を取り上げる産婆」と言い換えれば、両者の関係はいっそうはっきりするのではないだろうか。「肉体を取り上げる産婆」はひとまずおくとして、「魂を取り上げる産婆」についてはさらに検討を加える必要があろう。折口信夫が言うように、湯坐と若皇子の関係は民俗学でいうトリオヤとトリゴの関係でもあるから、「魂を取り上げる産婆」の前身を壬生部の湯坐にみることができるだろう。この湯坐を手がかりに話をすすめていきたい。

湯坐は水の女神に由縁のある巫女で、産湯をつかわせるときに、折口の言葉を借りれば、「水に潜って」若皇子を取り上げるのである。この水は斎川から湧き出る神聖な水であり、おそらく折口の念頭には、毎年、賀茂川を斎川として稚雷神《わかいかづちがみ》が出現する京都の賀茂神社の御蔭祭《みあれ》のことがあったのだろう。御蔭祭は天降りした天つ神を地上に迎える儀式であり、これについては筑紫申真氏の詳しい解説があるので、その一部を引用することにしよう。一部とはいえ、儀式の核心にふれる部分なので多少長い引用になるのはやむをえない。

御蔭祭は、カミが天から地上におりてくるのを迎える儀式です。神山の頂上には岩があり、これを降臨石とよんでいます。カミはまず、舟にのって天からこの山上の岩まで空中をこぎくだってきます。賀茂氏久が、つぎのような歌をつくっているのは、古い信仰の姿をよくとどめているといわなければなりません。

ひさかたの天の岩舟こぎよせて、神代《かみよ》の浦や今のみあれ所

カミは、山のいただきから神山をつたわって、麓の〝御阿礼《みあれ》所〟とよばれる聖域におりてきます。そこには、あらかじめ〝御蔭木《みあれ》(御阿礼木)〟と呼ぶ樹木が、根こじにして用意してあります(みあれ木は掘りおこしたばかりの二本のかなり大きな常緑樹で、上のほうだけ枝を残して下枝を刈りはらい、二本の木をくっつけてならべたて、木の裾は柴垣で囲ってある。木には長い紐をたくさんつけておく)。カミがこの御蔭木によりつくと、人びとは紐を手に手に、この御蔭木を賀茂川の川ばたに引いてゆきます。これが〝みあれ引き〟です。

御蔭木が川ばたに到着すると、カミは木をはなれて川のなかにはいります。そのとき、斎王《いつきのみこ》(皇女であり、賀茂のカミの巫女《みこ》として差し出されたひと)が川の流れのなかに身をひたして、カミを河中からすくいあげるのです。そのとき、川上から御幣《ごへい》を川に流します。このようにしてカミは地上に姿をあらわして再生し、斎王はカミの一夜妻となるのでした(『アマテラスの誕生』、一三七－八頁)。

賀茂神社に祀られているのは賀茂県主《かものあがたぬし》の一族の神だが、天つ神が地上に降りてくるときは一般的にこのような形式をとるらしい。とくに感動的というか、印象的な場面がある。カミがこの世に姿を現す瞬間である。巫女は「川の流れのなかに身をひたして、カミを河中からすくいあげる」という。これは壬生部の湯坐が産湯のなかに皇子を入れ据えて、若皇子を取り上げるという儀礼をほうふつさせる。「みあれ」は神が出現するという意味で、「み」は接頭語である。折口信夫によれば、「あれ」は「あらわれる」の原形で、これが「うまれる」という敬語に転義したのだと言う(『折口信夫全集』第二巻、一三九頁)。

「みあれ」はもともと神が現れるという意味で、これが貴人に転用されると「生まれる」という意味に変化する。これは言葉だけの問題ではなく、若皇子の産湯の儀礼が神の御蔭とよく似ているのは、それをなぞっているからだといえよう。若皇子の誕生はカミの出現を模したもので、それが湯坐の産湯の儀礼に反映されているのである。

赤本『桃太郎昔語』

湯坐の産湯の儀礼が神の御蔭に由来するものだとすると、民間で行われている産湯の儀礼はその世俗化といえるかもしれない。すでにみたように、『日本産育習俗資料集成』には、産婆は盥のなかに足を入れ、その足の上に赤子をのせたり両膝に挟んだりして産湯をつかわせたという事例がいくつも報告されていた。参考までに、もう二例ほど追加しておく。

「産婆がたらいの中へ両足を入れ、産児の頭を両膝にはさんで使わす」（群馬県碓氷郡、豊岡、二七五頁）
「取り上げ婆さんがたらいの中に足を入れ、その間に赤子をはさんで入れ、…」（山梨県北都留郡、二七八頁）

壬生部の湯坐も産湯のなかに皇子を入れ据える場合は、やはり盥の中に両足を入れたり両膝にはさんだりしたのだろう。この産婆の奇妙な姿態については本田和子氏も注目している。本田氏は、「赤ん坊を沐浴させるにしては、際立って異様に見えるこのしぐさ……。何しろ、彼女たちは、一様に、着物の裾をまくり上げて脛もあらわに、両足を盥の中に差し入れているのだから。そして、ことさらに小さく描き出された赤ん坊は、彼女たちの膝の間にはさまれていたり、脛の上にのせられたりする」と述べている（『少女浮遊』、一八三－四頁）。そしてこのような産婆の姿態は江戸期

『桃太郎昔語』　東京都立中央図書館加賀文庫蔵
（『江戸のこどもの本―赤本と寺子屋の世界』笠間書院より）

の図像類に描かれた出産・誕生の場面にはよく見られるといい、その典型的な一例として赤本『桃太郎昔語』（西村重信画、刊年不詳、鱗形屋本）をあげている。これはいわゆる回春型と呼ばれる話で、爺と婆が桃を食べて若返り、その結果、男児が生まれ、その誕生をことほぐというのが話の趣旨である。例の産婆は出産直後を描いた挿絵に登場する。本田氏によれば、日本の伝統社会では、子供の出生は「産む女」と「洗う女」によって担われたという。ここで言う「産む女」は産婦、「洗う女」は洗濯女、つまり産婆のことで、本田氏は二人の女性を中心にこの挿絵を読み解きながら産婆の特異な身振りの謎に迫ろうとする。私の当面の関心もそれとほぼ重なるので、まずは赤本『桃太郎昔語』に描かれたその挿絵を見ていくことにしよう。

挿絵は見開きの頁の左右の上半分を占め、左の頁には出産を終えたばかりの産婦が、右の頁には赤子に産湯をつかわせる産婆の姿が描かれている。挿絵そのものが出産直後を描いた場面であることがわかる。まず左の頁を見ると、産婦が積み重ねた夜具に寄りかかったまま坐っている。昔は座産であったから、産婦は積み重ねた夜具を支えにして坐った姿勢で出産に臨んだのである。出産を終えても、しばらくはこの状態で過ごすことになる。産婦の右側にいるのは介添えの女であろう。二人の女性の背後には屏風が立てられ、この一隅が出産の場であることを暗示している。無事に出産を終えた安堵感からであろうか、産婦も介添えの女も表情はいたって穏やかである。

右の頁に目を転じると、こちらは産婆が赤子に産湯をつかわせる場面である。まず産婆の顔の表情が印象的である。

産婦の穏やかな表情とは対照的に、眉間にしわを寄せ、険しい表情を見せている。

そして産婆の姿態もまたその表情に劣らず際立っている。縁側に腰をかけ、着物の裾をまくり上げて、両足を盥のなかに入れ、その両足の間に赤子を挟むようにしている。そのしぐさは産湯をつかわせるというよりも、赤子の沐浴を終えて、今まさに赤子を取り上げようとしているといった方が適切かもしれない。いずれにしても、ここに描かれた産婆の姿態は、「昔は産婆がたらいの外に腰かけ、両足をたらいのうちに入れその足の上へ赤ん坊を乗せて洗った」（三重県鈴鹿郡）などという『日本産育習俗資料集成』にある説明とまったく同じである。このことから、産婆の奇妙な姿態が長い伝統に裏打ちされた産湯の作法であることを推測させる。『ばけ物よめ入り』（刊年不明）という江戸期の赤本にも、とりあげうぶめがこれと同じ姿態で赤子に産湯をつかわせている場面がある。産婆のことを「とりあげうぶめ」ともいったらしい。言うまでもないことだが、生まれたばかりの赤子は首が据わらず、足腰が立たず、いわば肉の塊のようだから、しっかり支えるという意味では、産婆が両足の間に赤子を挟むのは理にかなった作法ともいえる。とはいえ作法にしては不自然で珍奇すぎるし、現代の産湯のつかい方ともずいぶんかけ離れている。

産婆のしぐさがなぜ奇妙に見えるかといえば、とっくに出産年齢を過ぎた老女が脛もあらわに産婦と同じように座産の態勢をとっているからで、考えようによっては、これは産婦が赤子を産み落とした瞬間を再現しているようにも見える。もっとも、赤子の頭の向きは産み落とされたときとは逆になっている。これは産婦が産み落とした赤子を、あらためて産婆が取り上げているのだとみれば矛盾はない。ここで産婆の役割をおさらいしておくと、産婆のことをトリアゲバアという。これは産婆が赤子の魂をあの世からトリアゲルという意味でそう呼ばれる。大藤ゆき氏は、産婆には「技術的なトリアゲ」と「精神的なトリアゲ」の二通りがあるという。私は前者を「肉体を取り上げる産婆」、後者を「魂を取り上げる産婆」と言い換えたが、私の用語法で言えば、この挿絵に描かれた産婆は「魂を取り上げる産婆」であり、その役割をひとことで言えば、あの世から魂を取り上げることだと言える。

出産はこの世とあの世の間で魂のやり取りが行われる瞬間である。この世とあの世の間は水域によって隔てられていて、赤子の魂はあの世から川を通い路にしてやってくると信じられた。賀茂神社の御蔭祭のところでみたように、「みあれ」とは神が出現するという意味であり、それは具体的には巫女が「川の流れのなかに身をひたして、カミを河中からすくいあげる」ことであらわされる。壬生部の湯坐の産湯の作法は、この御蔭をなぞったものにほかならない。つまり産湯のなかに皇子を入れ据えて、若皇子を取り上げるという儀礼は、カミの御蔭をなぞったもので、湯坐は身体を水にひたしてカミならぬ皇子の魂を取り上げるのである。川は神霊や魂の通い路であり、そのために湯坐は水の中から皇子の魂をすくい上げ、取り上げるのである。

赤子は二度生まれる

民間で行われていた産湯の儀礼は湯坐の産湯の儀礼を世俗化したものだとすれば、産婆のあの奇妙な姿態の謎もおのずから氷解する。産婆、つまりトリアゲバアが両足の間に赤子を挟むように湯をつかわせる所作は、赤子の魂を水の中からすくい上げ、取り上げることを記号化したものであり、トリアゲルという言葉の意味もそこから発生したのだろう。産婆が取り上げるのは赤子自身であることにかわりはないが、産婆の前身は巫女であり、巫女は魂の司祭者であるから、産婆の役割も魂を取り上げることに重点が置かれていたのである。産婆すなわちトリアゲバアの役割は赤子の魂を水中から取り上げることであり、それは彼女の奇妙な姿態によって具体的にイメージされたのであろう。

産婆は水中から赤子の魂を取り上げる。この場合の水が産湯であることはいうまでもない。ウブユ（産湯）はウブ（＝魂）の付着した聖水であり、あの世の穢れを洗い流す蘇生の水でもある。産婆が水中から魂をすくい上げ、取り上げることで魂はこの世に再生する。産婆の奇妙な身振りは産婦が赤子を産み落とすときの姿態を再現したものであり、それは魂のこの世での再生を具体的にあらわしているとみることができる。

ここで私は、かつての英領東アフリカのキクュ族の間で行われていたという割礼の儀式を思い出す。J・E・ハリソン著『古代芸術と祭式』によると、そこではすべての男子は割礼の直前にふたたび生まれなくてはならないという。とりわけ興味深いのは母親の身振りである。母親は子供を足元にうずくまらせて立ち、陣痛の苦しみをからだ全体で表現し、男の子は男の子で、生まれたばかりの赤子のように泣き、そして洗われる（九〇頁）。割礼は子供から大人になるための通過儀礼である。別の言い方をすれば、それは魂の死と再生の儀礼であり、身体に宿るべく魂が子供の魂から大人の魂に更新されることでもある。そのために男の子はあらためて母親から生まれ直すことが求められるのである。母親の足元に男の子をうずくまらせるのは、その象徴的な身振りであって、これは日本の産婆の奇妙な姿態とも重なり、魂の死と再生には母親の「産む」という所作を再現する必要があったのである。

そしてふたたび生まれた男の子のからだが洗われる。この場合の水は産湯と同じ蘇生の水であり、男の子の魂が再生され、更新されたことを示している。割礼の儀式は男の子が大人としてあらためて生まれ直すことを前提としたものので、そのために出産と産湯の儀礼が模擬的に再現されるのである。

赤子の誕生は魂のこの世での再生である。それは母親の「産む」という所作を再現することで成就される。このことを踏まえたうえで、あらためて『桃太郎昔語』の挿絵を見ることにしよう。産婆は今まさに赤子の魂を水の中から取り上げようとしている。それは肉体として生まれた赤子に魂を注入する儀式ともいえるだろう。赤子は二度生まれるのである。一度目は肉体として、二度目は魂として。そのために「肉体を取り上げる産婆」と「魂を取り上げる産婆」の二通りの産婆を必要としたのであり、挿絵に描かれている産婆は、産婦が産み落とした赤子の肉体を、あらためて魂の吹き込まれた肉体として産み直したのであり、産婦と同じような姿態をとっているのもそのためだと考えられる。本田和子氏も、「『産む女』と『洗う女』は、その共通の身振りによって、両者がその本質を同じくし、共に子を生み出す『母』に他ならないことを宣言する」と述べている（前掲書、一九八―九頁）。私もまったく同感で、産婦は第一の母として赤子の肉体を産み、産婆は第二の母として赤子の魂を産む。それはともに「母」という役割を負っていることから、同じ姿態をとるのだといってもいい。

繰り返すが、赤子は二度生まれる。産婆が赤子を取り上げているのは、赤子からすれば二度目の誕生であり、このとき赤子は正式にこの世に生を受けたことになる。これは幸運な出産であり、祝福すべき出産である。二度の出産を無事に通過した赤子だけがこの世に生を受けるのであり、しかし不運にも二度目の出産を無事に通過できない赤子が数多《あまた》いたことも事実である。たとえば肉体として生まれても、五体満足でなかったり、あるいは歓迎されざる子であったりすれば、二度目の出産を意図的に見送る場合もあった。いわゆる間引きである。間引きは一度目の出産と二度目の出産のあわいに行われる。肉体として生まれながら、魂を吹き込まれずにそのまま闇に葬られる。この空白の時間、魔の時間を取り仕切るのも魂の管理者たる産婆の役目であり、産婦と相談のうえとはいえ、他界からやってきた魂をふたたび他界へ送り返す仕儀はもっぱら産婆の手にゆだねられている。そして魂を吹き込まれることなく闇に葬られた嬰児の屍体は桟俵やコモに包まれ、あるいは木箱に入れて川に流されたりした。この風習には赤子の魂を他界へ送り返すという象徴的な意味がこめられているようである。そしてこの光景を記録する資料も少なくない。たとえば武田明氏によると、香川県小豆郡豊島あたりの沿岸には、昭和初期頃まで、大雨が降り続いた年など小さな木箱に入った嬰児の死体が岡山県側から流れてくることがあったといい、男児なら杓子を、女児ならば日の丸の扇子を持たせてあり、今度生まれてくるときは男に、あるいは女にという願いを込めてそうするのだという（『日本人の死霊観』、一一〇―一頁）。

木箱は桟俵やコモと同じく母胎の象徴であり、「桃太郎」の昔話でも、お婆さんが川で洗濯していると川上から木箱や手箱が流れてくる。木箱は一つのこともあれば、二つのこともある。木箱が一つであれば、なかに桃が入っている。二つ流れてきたときには片方にだけに入っている。お婆さんは桃の入った木箱を巧みに引き寄せながら、空の木箱はそ

『捨子教誡の謡』に描かれた堕胎の図
（『子育ての書3』平凡社より）

のまま流してしまう。私たちの関心はもっぱら実の入った木箱に注がれている。しかし実の入った木箱に気をとられているうちに、空の木箱のことはすっかり忘れていた。流れていった空の木箱には本当に何も入っていないのだろうか。ひょっとして桃太郎になり損ねた魂が入っているのではないのか。「実のある手箱はこっちい来い。実のない手箱はあっちい行け」と言いながら、お婆さんは空の手箱を押し流してしまう。私たちはここでもお婆さんのことを誤解しているようである。

実のない木箱は波にもまれながら川面を流れていくうちに、やがて私たちの視界から消えてしまう。木箱は空ではなく、桃太郎になり損ねた魂が入っているのかもしれない。木箱が波にもまれながら川面を流れていく情景は、闇に葬られた嬰児の屍体が桟俵やコモにくるまれて川や海を漂流するイメージとも重なり、産婆という職能の負の面をあぶり出さずにはおかない。産婆はこの世とあの世の境界に身をすべりこませながら、ときには赤子を選別するという非情な面を持ち合せている。これもまた産婆という両義的な存在ゆえの業とでもいえようか。

第五章　水の変容

湿地と女性

水汲み、洗濯、炊事など水にかかわる仕事は女性の担当が多く、折口信夫が聖なる水を管掌する女を中心に論考「水の女」を書いたのも偶然ではない。水と女性との深いかかわりを折口は古代の信仰生活のなかに見出したのである。

水のほかに土もまた女性原理と深くかかわっている。土はもともと大地に属しているし、粘土をこねてつくられる壺作りが女性によってはじめられたのも深いいわれがある。壺作りに使われる粘土は水で練られるが、このペースト状の陶土は、その湿り気からいっても女性的な性質をあらわしている。土と水はいずれも女性原理のあらわれであり、壺作りの素材である陶土はその二つの元素の混合であるから、二重の意味で女性的ということができる。

壺作りや土器作りが女性によってはじめられた理由は二つほど考えられる。ひとつは容器のかたちと女性の身体との類似性で、容器が女性の元型的なイメージをあらわしていることによる。もうひとつの理由は、いまも言ったように、容器の素材である粘土そのものに女性の象徴的な意味が含まれているからだ。土と水の混合は二重の意味で女性的だが、これはむろん自然界にもみられる。エーリッヒ・ノイマンは「とくに、水と土の元素の混合である豊穣な沼地や湿原は本来的に女性である」といい、そして「ゲルマン人の間では、水の女性は原初の母親であるばかりでなく、母(Mutter)、かび(Moder)、沼沢地(Moor)、干拓地(Marsch)、海(Meer)などの言語的関連が今日でもいまだに明らかである」と述べている(『グレート・マザー』、二八七頁)。水と土の合成によってできた沼地や湿原は女性原理、とりわけ母性原理の具体的なイメージをあらわしていて、それは母、沼沢地、干拓地、海などの言葉のなかにいまでも生きているという。

日本語の場合はどうだろうか。辞書類をあたってみても、たとえば沼や湿原と母性的なものを直接関連づけるような説明は見当たらないようである。ただ日本語の「沼」の語源をさかのぼると、間接的とはいえ、それらしき手ごたえは感じられる。『字訓』によれば、「沼」の古形は「ぬ」とされ、これは足《あ》・水《み》などがもと一音節であったのと同じだという。「ぬ」については幸田露伴も『音幻論』のなかで言及し、「ぬ」には濡れた、どろどろした、ぬめりあるものの意があると述べている。「塗る」という動詞も「ぬ」の派生語のようで、漆科の白膠木《ぬるで》をはじめ、海苔《のり》・糊《のり》・血《のり》はみな糊状のものをいい、「ぬ」と同系の語だとしている（『露伴全集』第四一巻、一六七頁）。「沼」「塗る」「濡」などは水にかかわると同時に、ぬめりのあることから女性をイメージさせるし、その意味では女性原理や母性原理を体現する言葉といえるかもしれない。

生物学的にいっても沼地や湿原は生命をはぐくむ揺籃の地であり、とくに日本は東アジアのモンスーン地帯に属し、かつては国土の平野の多くが沼地や湿原で覆われていたらしい。日本の天地開闢神話をひもとくと、葦原から最初の神が誕生したことが語られている。これは原初の平野のいたるところに葦の生える水辺が点在していたことを想像させるもので、日本の平野の原風景といえるだろう。ともあれ『古事記』の冒頭から天地開闢神話の一節を引いてみよう。

> 次に国稚《わか》く浮べる脂《あぶら》の如くして、くらげなすただよへる時、葦牙《あしかび》の如く萌《も》え騰《あが》る物に因《よ》りて成れる神の名は、宇摩志阿斯訶備比古遅神《うましあしかびひこぢのかみ》、次に天之常立神《あめのとこたちのかみ》。此の二柱の神も亦並《またなみ》独神と成り坐して、身を隠したまひし。

次に国土がまだ若く、水に浮かんでいる脂のようで、水母のように漂っているとき、葦の芽が萌え出るようにして化成した神の名はウマシアシカビヒコジノカミで、次に化成したのがアメノトコタチノカミである。この二柱の神もまた単独神として生まれ、姿を見せることはなかったという。

葦は日本の国土がかたちを整える以前から自生していた原初の植物で、水辺の泥沼から萌え出るように生える。その成長力は著しく、一日に十五センチも伸びると言われる。その旺盛な生命力を擬人化したのがウマシアシカビヒコジノカミであり、ありていに言えば、地上における最初の生命は植物から誕生したのである。かつて樹木と人間のあいだには生命の交流がみられたが、それをさらに突きつめれば、人間も植物も同じ生命体であり、同じ生命原理に支配されているというアニミズムの世界に逢着する。その原風景を描いたのが天地開闢神話ということができるだろう。

湿地の神秘に通じた知恵者

天地開闢神話とは別に『古事記』には「人草《ひとくさ》」とか「青人草《あおひとくさ》」という言葉が散見される。第四章の冒頭でもふれたように、黄泉の国を訪れたイザナキは妻の腐乱した屍体を見て恐ろしくなり逃げだす。恥をかかされたイザナミは黄泉の国の醜女や雷神たちに夫のあとを追わせる。イザナキは黄泉比良坂まで逃げてきたところで、そこに生えていた桃の実を投げつけると、みな退散した。イザナキは追手を追い払った桃の実に向かって言う。「汝《なれ》、吾《あれ》を助けしが如く、葦原中國《あしはらのなかつくに》に有《あ》らゆる宇都志伎《うつしき》青人草《あをひとくさ》の、苦しき瀬に落ちて患《うれ》ひ惚《なや》む時、助くべし」と。お前が私を助けたように、葦原中国に住むすべての人々が苦しい目にあって悩んでいるときは助けてあげなさいという。ここで人間のことを「青人草」と言っているのが注目される。

また、この話のすぐあとには、イザナキとイザナミが黄泉比良坂で夫婦別離の宣言をするくだりがある。イザナミは「汝《いまし》の國の人草《ひとくさ》、一日《ひとひ》千頭《ちがしらくび》絞り殺さむ」と夫のイザナキに向かって言う。ここでいう「人草」も人間の意味である。

『和名抄』は人民のことを「比止久佐《ひとくさ》」とよませている。ヒトクサは人草で、青人草の略語ともいわれる。青人草の「青」は色の名だが、青は藍《あゐ》の母音交替形とされ、もとは藍のことである。「アイ」がのちに「アオ」と発音されるようになったのである。「青は藍より出でて藍より青し」と諺にあるように、藍は草や茎から染料を取ることから、「青人草」は草の青さを強調した言葉ともとれる。

なぜ人間のことを「人草」とか「青人草」と言うのだろうか。『岩波古語辞典』は人草を「人のふえてゆくのを、草の生い茂るさまにたとえた語」だとしている。要するに人間を草にたとえた言葉だという。しかしこの説明で十分に納得できるかというと、私にはいささか物足りないような気がする。人間を草にたとえるにせよ、逆に草を擬人化するにせよ、人間と草とは間接的な関係にとどまっていて、決して交わることがないからだ。「人草」「青人草」という言葉には、人間と草を同じ位相でとらえる視点が感じられるし、人間も植物も同じ自然から生まれた生命体であることが示唆されているように思われる。その具体的なイメージは、泥沼から葦の芽が萌え出るように化成したウマシアシカビヒコジノカミにみることができるだろう。人草や青人草という言葉には、人間も植物も同じ自然に属する生命体であるという古いアニミズムの名残が感じられるようである。

天地開闢神話が語るように、最初の生命は沼地や湿原のなかから誕生した。葦の生い茂る豊穣な沼地や湿原は生命をはぐくむ母胎であり、母なるものであった。沼地や湿原は葦にかぎらず、さまざまな生き物の生息地でもある。なかでも蛇やカエルなどは湿地を好むことで知られ、神話や説話の世界にもしばしば登場し、昔から人間とのかかわりは深い。蛇は土地神や祖霊でもあり、カエルにも同じような性格があったらしい。金井典美氏によると、カエルを大地の精霊・神獣とする信仰は古代日本にかなり普遍的にみられたようで、カエルには「湿地の神」という性格があったという。たとえば諏訪地方では鎌倉時代からカエルを土地神（地荒神）と崇めていたらしい（『湿原祭祀』、三六九－三七〇頁）。

日本神話の語るところによれば、スクナビコナノカミが常世から波の穂に乗って渡ってきたとき、大国主神が供の神たちにその神の名をたずねたところ、だれも知らなかった。ただヒキガエルが「案山子の久延毘古《かかしくえびこ》ならきっと知っているでしょう」と申したという。前述したように、スクナビコナは稲種や粟種を神格化した神であり、案山子は田の守護神、もしくは田の神の依り代であり、案山子がスクナビコナの素性に詳しいのも同じ生産や農耕をつかさどる仲間の神だからであろう。そして案山子とスクナビコナの関係をカエルが知っているのは、金井氏の指摘にもあったように、カエルには「大地の精霊・神獣」という性格があったからで、湿地の隅々を知り尽くしたカエルならではといえる。

スクナビコナ、案山子のクエビコ、カエルの三者の関係については中西進氏も言及している。とくにカエル（ヒキガエル）に関しては、「ヒキガエルはなまじ地上から立ち上がれないばっかりに、大地を永劫にはいずり廻るがゆえに、大地とはたち切りがたく密着している。およそ地上に関する限り、彼は到らぬ隈なく、すべてを知悉していると考えられた」と述べている（『谷蟆考』、一二頁）。中西氏が言うように、カエルは大地に関する物知りであった。人知のなかでもとりわけ深遠ではかりがたいのは生命の誕生である。水陸両生のカエルには湿地の神秘に通じた知恵者という趣が感じられるし、豊穣な沼地や湿原は生命をはぐくむ母胎を連想させることから、湿地の神秘に通じたカエルは生命の誕生の秘密を体現する知恵者とみられていたのだろう。

またカエルは一方では子宮の象徴ともされる。その形といい、感触といい、たしかにカエルには子宮のイメージがある。それだけではない。いまも言ったように、カエルは外見の特徴もさることながら、生命の誕生の神秘を体現する知恵者であったから、そのことを含め子宮の象徴とされたのだろう。

カエルが子宮のシンボルであることはヨーロッパでは古くから知られていた。マリア・ギンブタスによると、先史時代の出土品にはヒキガエルの形をした「出産の女神」や「ヒキガエルの貴婦人」などもあり、ヒキガエルは生命誕生のプロセスに影響を及ぶす神秘的な力をつかさどると信じられていたらしい。そしてこの伝統は最近まで民間信仰に受け継がれ、分娩を促すために妊婦はヒキガエルを食べる習慣があり、その血は媚薬であったという（『古ヨーロッパの神々』、一七五–七頁)。ヒキガエルをかたどった像やシンボルが不妊や安産の守り神としてヨーロッパの女性の間で最近まで信仰されていたともいう。

カエルは昔話や民話でもなじみが深い。『グリム童話』の「蛙の王子」では、お姫様がカエルをつかんで壁にたたきつけると、カエルが王子に変身する。これはカエルと王子を同格とみるのではなく、カエルという子宮のなかに閉じ込められていた王子がそこから誕生する話であり、要するにカエルが子宮のシンボルであることを示している。カエルと子宮の関係は日本の昔話「姥皮」でも示唆されている。娘に姥皮を与えるのはカエルであり、姥皮にも子宮や母胎という意味があって、これをカエルが娘に与えるのは姥皮そのものがカエル、もしくはその象徴であることを物語っている。また「田螺息子」の昔話は、子のない老夫婦が神に祈願して田螺の息子を授かる話である。田螺の背中を打ち破ると立派な人間になり、親孝行をする。これも田螺が母胎や子宮の象徴であり、それを割るとなかから人間が誕生する。「蛙の王子」にも通じる話である。

湿地は女性原理や母性原理の具体的なイメージのあらわれであり、そこに生息するカエルや田螺はその象徴にほかならない。とくにカエルは湿地の神秘に通じた知恵者として古くから子宮や母胎のシンボルとされてきた。

赤子はコウノトリが運んでくる

ところで、湿地の主であり、湿地の神秘に通じたカエルにも弱点がある。カエルは湿地をはいずりまわるがゆえに天敵の蛇にねらわれる。カエルの天敵は蛇だけとはかぎらず、空から飛来してくる鳥たちの餌食にもなる。たとえば渡り鳥のコウノトリは沼地や湿原に生息するカエルや魚を主食とするし、皮肉なことに、コウノトリもまた生命の誕生の秘密や湿地の神秘に通じている点ではカエルに引けをとらない。よく知られているように、北ヨーロッパには「赤

コウノトリ。北ヨーロッパでは赤子を運んでくる鳥とされる。

子はコウノトリが運んでくる」という言い伝えがあり、コウノトリは昔から赤ん坊を運んでくる鳥とされている。コウノトリはどこから赤子を運んでくるかというと、フロイトによれば、ドイツでは水のなかから拾い上げてくるのだという（『フロイト著作集』第五巻、九八頁）。水のなかとは具体的には大きな沼のようで、沼は母胎や子宮の象徴であるから、コウノトリが赤子を水のなかから拾い上げるのは、要するに母胎や子宮から赤子が生まれるのと同じことで、その比喩的な表現のようである。ドイツの東フリースラントでは、子供たちは沼地から持ってこられるといい、「ファン・ドモエル（van d´mo´er）」には二重の意味があって、「沼地から《フォム・モール》」のほかに「母親から《フォン・デルムッター》」という意味もある（『英雄誕生の神話』、一二八頁）。沼地が母親元型の具体的なイメージのあらわれであることは言葉に残されているのである。言葉の語源をさかのぼると、最終的にはイメージの世界に行き着く。最初の言葉はイメージの世界から生まれるわけで、ひとつの言葉の背後には、それに見合うイメージの世界が横たわっている。「ファン・ドモエル」は「母親」と「沼地」を含む同じイメージの世界から紡ぎ出された言葉であって、「沼地」が母親元型の具体的なイメージのあらわれであるのはその消息を伝えるものといえよう。

大きな沼のほかに池、湖、泉などからもコウノトリは赤子を運んでくるとされる。ドイツにはいたるところに「子どもの泉」「子どもの池」「少年の井戸」と呼ばれるものがあり、「オックスフォードでは、子どもの井戸というのは、不妊の女性を妊娠させる泉として有名である」とエリアーデは述べている（『豊饒と再生』、六五頁）。泉は大地に属し、母なるものの一部であることから子宮の象徴とされる。泉は子宮であり、その水は胎児を浮かべる羊水である。

同じ母なるものでも泉は別格である。泉が喚起するイメージは沼・池・湖とは多少異なるようである。泉は「出水《いづみ》」の意で、地下から水がこんこんと湧き出して尽きることがない。「知識の泉」「愛の泉」など、泉が比喩的に用いられるのもそのためである。泉は大地に属し、母なるものを体現しているが、母なるものには「包み込む」「抱きかかえる」という性格がある。しかし泉の場合は、エーリッヒ・ノイマンが言うように、「湧きあがるような性格が包みこむような性格よりもはるかに強調されている」（『グレート・マザー』、六四頁）。泉の真骨頂は湧きあがるような性格にあり、それが豊饒性や多産性というイメージにつながる。「不妊の女性を妊娠させる泉」というオックスフォードの民間伝承も、泉の豊饒性や多産性にあやかろうとする信仰であることはいうまでもない。

コウノトリが赤子の運び屋とされる理由はほかにもあって、それはコウノトリの体形と関係がある。コウノトリは鶴に似て、嘴と脚が長い。イソップの寓話にある「キツネとコウノトリ」もコウノトリの長い嘴をめぐって話が展開する。意地悪なキツネはコウノトリを招いてわざと浅い小皿で食事をさせた。長い嘴のコウノトリは食べることができない。コウノトリはキツネを招いたとき、口の狭い瓶で食事をさせてお返しをした。この寓話ではコウノトリの抜け目のなさが強調されているようだが、長い嘴をもつコウノトリは皿のような平たい容器で食事をするのが苦手である。一方、壺のような口のすぼまった容器で食事をするのは得意である。コウノトリが口の狭い瓶で食事をする光景には別の意味もあるらしい。コウノトリの長い嘴と口の狭い瓶との関係に注目してみよう。

オットー・ランクはマンハルトの『ゲルマン神話』から興味深い民間伝承を紹介している。それによると、「ヴェル地方のシャイディンゲンでは、ヴェルラー・フェーデにある池から鸛《こうのとり》が赤ん坊を運んでくる。エアフルトでは、鸛が凹地《ケッセル》、つまり、濠のくぼみから赤ん坊を連れてくる。ハルバーシュタットでは、峡谷から運んでくる」（『英雄誕生の神話』、一二九頁）。コウノトリはその長い嘴で凹地、濠のくぼみ、峡谷から赤子をつまみ上げる。これは長い嘴をもつコウノトリならではの得意技であり、面目躍如ということができる。ここにはコウノトリが口の狭い瓶で食事をするというイソップの寓話との関連が示唆されている。口の狭い瓶はその形状からして母胎や子宮のシンボルであり、凹地、濠のくぼみ、峡谷も同様である。コウノトリが凹地、濠のくぼみ、峡谷から長い嘴で赤子をつまみ上げるのは暗示的である。コウノトリの長い嘴が赤子を母胎から取り出す道具を連想させるからだ。

ところが赤子を母胎から取り出す道具という点では、コウノトリの長い嘴よりもむしろ脚の方にどうやら意味があるようで、ランクに言わせると、学者たちはコウノトリの赤くて長い脚に、ユーモラスなイメージとともに、深遠な意味を吹き込んできたのだという。「赤ちゃんはどこから来るの」と子供たちから訊かれると、両親は遠まわしにこう答える。「コウノトリが運んできたのです」と。また「お母さんはどこが悪いの、六週間も寝たっきりだけど」という質問には、「コウノトリに脚を噛まれたのだよ」と答えるそうである。ドイツ語で「コウノトリに脚を噛まれた」といえば、「妊娠した」「出産した」という意味になるという(同前、二一七頁、注)。

「赤子はコウノトリが運んでくる」。この詩情豊かな言い伝えは、子宮から赤子が誕生することをオブラートに包んだ婉曲な物言いとするだけでは不十分で、そこには古い民間信仰や神話の断片が紛れ込んでいるようである。コウノトリが赤子の運び屋とされたのはほかでもない、その長い嘴、長い脚という特徴にくわえ、遠来の渡り鳥であることもまた理由のひとつであって、コウノトリをして遠くの神秘の国から赤子を運んでくるというイメージをふくらませたのだろう。ランクが引用するマンハルトの説によると、母胎や子宮は噴水、凹地、濠、暗い穴、うつろな木であらわされ、これらはきまって「まだ生まれていない人の魂の棲息場所と考えられている」という(同前、一三一頁)。コウノトリが赤子を運んでくるとされる噴水、凹地、濠などは「魂の棲息場所」であった。するとコウノトリが運んでくるのは、厳密に言えば、赤子自身ではなくその魂であり、とくに水をたたえた噴水、凹地、濠などからコウノトリは赤子の魂をすくい上げて母親のもとへ届けるのである。魂と水との相性はよく、その関係については次章で検討したい。

水の両性具有的な性質

日本では、赤子は「川から拾ってきた」「川から流れてきた」などといわれる。これも正確に言えば、川から流れてくるのは赤子自身ではなくその魂であり、川が魂の通い路と考えられている。「桃太郎」や「瓜子姫」の昔話についても同じことがいえる。桃太郎や瓜子姫の魂は桃や瓜のなかにこもった状態で川を流れてくるのである。コウノトリも水のなかから赤子の魂を拾い上げる。洋の東西を問わず、魂は水を媒介にしてこの世にやってくるのである。水は女性原理や母性原理の具体的なイメージのあらわれだが、しかし一方で水には男性的なイメージもある。水は流動的であるがゆえに、両性具有的、両義的な性質を帯びている。ノイマンが言うように、「水はそのウロボリックな性質のために、女性・産む者であるとともに、しばしば男性・産ませる者としても体験される」のである（『グレート・マザー』、二八七頁）。

ノイマンが言う「産ませる者」は「産ませる性」と同じで、女性の「産む者」（産む性）に対応する言葉である。水は両義的、両性具有的であり、そのときどきに応じてみずから変容するものであったり、変容を引き起こすものであったりする。流動的かつ変幻自在であり、かたちにとらわれないのが水の特徴である。そのため水は「産む者」にも「産ませる者」にも変容するのである。

水には「産む者」と「産ませる者」という相反する性質があり、これまでは「産む者」としての水を中心に述べてきた。以下、「産ませる者」としての水に言及する前に、水の両性具有的、両義的な性質についてもう少し具体的に考えてみることにしよう。

オウィディウスの『変身物語』には水の両義性をテーマにした美しい物語が挿入されている。ある泉にサルマキスという一人の妖精（ニンフ）が住んでいた。彼女はアトラスのひ孫にあたる美少年に一目ぼれをする。サルマキスは「ねえ、お若いかた」と少年に呼びかけ、言葉巧みに誘惑する。恋も知らないうぶな少年は水の妖精が繁みに隠れているのを知らずに、泉に近づき、ひたひたと寄せる水のなかに足の踝《くるぶし》を浸す。そして裸身をさらして、さっと水に飛び込むと、水の妖精は「私の勝ちよ、とうとう手に入れたわ」と叫びながら、彼女もすっかり衣服をかなぐり捨てて水中に飛び込む。そしてあらがう少年をつかまえ、身体を押しつけ、二人はまるで糊づけされたかのように一体化する。二人の身体は混ざりあい、すっかり合体して二人ではなくなってしまった。泉に入った時は男であったが、その澄んだ水が「男女《おとこおんな》」に変えてしまったのである。泉のなかに入ったときは男でも、泉から出るときは男女《おとこおんな》に変身している。かつての少年は、男らしさを失った声で言う。「お父さん、お母さん！　二人の名を受け継いでいるあなたがたの息子の願いを、どうか聞きとどけてください！　この泉に浴した者はみんな、そこを出るときには男女《おとこおんな》となっていますように！　この水に触れるやいなや、からだが柔らかくなってしまいますように！」。両親は男女《おとこおんな》に変わった息子の言葉に心を打たれ、不浄の魔力をこの泉に与えたという（一五二－六頁）。

美少年は水に入る前は男でも、水から出たときには男女《おとこおんな》に変身していた。これは水の両性具有的な性質を語った神話であり、水は男にもなりうるし、女にもなりうる。水の性質は流動的で、振り子のように男と女の間を揺れ動いている。振り子が最も男の側に振れるとき、水は「産ませる者」になる。「産ませる者」は水の両性具有的な性質の男性的な側面を担っていて、「産む者」が女性的な側面を担っているのとは対照的である。具体的には、女性の「産む者」は羊水として、男性の「産ませる者」は精液として体現される。

水の「産ませる者」という性質は、たとえば『ギリシア神話』に登場する主神ゼウスが黄金色のにわか雨になって塔のなかに忍び込み、ダナエを妊娠させる話によくあらわれている。ダナエの父親アクリシオスは将来、娘が生む子に殺されるという神託を受け、ダナエを塔のなかに閉じ込めて誰にも会えないようにした。ところがゼウスは雷神で雨をつかさどる神だから、みずから黄金色の雨に変身して塔の屋根に降り注ぎ、部屋のなかに侵入し、ダナエの膝に流れ落ちて彼女と交わった。ダナエの父親は生まれた赤子をダナエとともに箱に閉じ込めて海に流す。箱は一人の漁師に拾われ、母親と赤子は国王のポリュデクテスのところに連れ行かれる。国王は子供を大事に育て、やがて子供は英雄に成長する。その子がペルセウスである。

雨は天から降り注ぐ水で、雨に変身するのは雷神たるゼウスの面目躍如であり、この場合の水はとくに「産ませる者」という性質が前面にあらわれている。要するに精液としての水である。ゼウスは雷神で、雨をつかさどる神であり、それはゼウスが誕生したときの経緯をみても明らかである。K・ケレーニイによると、アルカディアではゼウスの誕生は水と結びついていて、新生児ゼウスの最初の乳母は「水の精たち、とくにその名も同じネダー川の女神ネダー」であったという。（K・ケレーニイ、C・G・ユング『神話学入門』、九二頁）。ゼウスを取り巻く環境をみても、ゼウスと水とのかかわりは濃厚である。

絵画に描かれたダナエ

ゼウスが雨に変身して塔のなかに侵入し、幽閉されたダナエと交わる。この神話のモチーフは芸術家たちの創作意欲をかきたてたようで、古くはベルリン美術館に所蔵されている図像（四世紀）がある。これは寝台に身をもたせかけたダナエが黄金の雨を受け止めるというもので、素朴な図柄とはいえ神話をほぼ忠実に再現している。ルネサンス時代になると、ダナエは官能的な姿態で描かれるようになり、なかでもティツィアーノの作品は有名である。ティツィアーノは数点のダナエを描いていて、とくに私が注目するのはプラド美術館蔵の作品（一五五二－四）である。天蓋付き寝台に背をもたせかけた裸体のダナエが稲妻とともに近づく黒い雨雲を見上げている。彼女の目はなぜかうつろで、

レンブラント『ダナエ』
（提供：The Bridgeman Art Library/ アフロ）

雲からは数滴の雨粒が降り注ぎ、それを年老いた乳母が前掛けで受け止めている。雨は精液の隠喩であり、この乳母のしぐさはゼウスとダナエの交会を象徴しているようである。黄金の雨はダナエの膝の上に降り注ぐのではなく、乳母が前掛けで受け止めることで、ティツィアーノはゼウスの侵入を間接的に表現したのである。

ティツィアーノの一連の「ダナエ」に触発されるように、レンブラントもこの神話を題材に「ダナエ」（一六三六）を描いた。しかしレンブラントの作品は神話のテーマから大きく逸脱しているようにみえる。というのも、黄金の雨が金色の光に置き換えられているからで、寝台に横たわるダナエの裸身が光にさらされている。光は下女が開けたカーテンの隙間を進入路として入ってきたようで、ゼウスは雨ではなく光に姿を変えてダナエの寝室に侵入したのである。下女が突然の侵入者に気づいていないことは、その表情からうかがうことができる。実は彼女にはゼウスの姿が見えていないのである。一方のダナエはといえば、寝台の上でなかば上体を起こし、右手で光の侵入者を拒絶するようなそぶりを見せている。だが身体を硬直させるわけでもなく、花のかんばせは一瞬の驚きとともに、期待と不安が入り混じった複雑な表情をにじませている。

ダナエの寝室は金色の光に満たされ、寝台に横たわる裸体のダナエを周囲の闇から浮かび上がらせる。光と闇のコントラストは強烈で、画題にふさわしい切迫した状況が画面全体から伝わってくる。

黄金色の雨を金色の光に変えたのは、光と闇の画家レンブラントの真骨頂ともいえよう。それにしてもレンブラントはなぜ雨を光に変えたのだろうか。考えようによっては、これはきわめて大胆な発想である。レンブラントが光を描くことを得意としたからだとは単純に言い切れないし、いわんや恣意的な思いつきとも考えにくい。レンブラントは神話に造詣が深く、このことはケネス・クラークがつとに指摘している。レンブラントはオランダのライデン大学（一五七五年創立）に入学する前、ライデンのラテン語学校で学んだ。学校の規則では、生徒はキケロの書簡と講演、テレンティウス（ローマの喜劇詩人）の戯曲、オウィディウス、ウェルギリウス、ホラティウスなどの韻文、またカエサル、サルスティウス（ローマの歴史家）、リウィウス（ローマの歴史家）などの歴史書を読破すべくさだめられていたという（『レンブラントとイタリア・ルネサンス』、一一－一二頁）。レンブラントはこれらの古典を大学入学前に学んでいたのである。

またライデン大学はオランダ最古の大学であり、その学問的水準の高さは当時から知られていた。だからレンブラントが黄金の雨を金色の光に変えたのはたんなる思いつきなどではなく、神話のテキストを十分に読み込んだうえでの新しい解釈であって、これまでの型にとらわれない自由な発想で「ダナエ」を描いたとみることができる。

レンブラントは黄金の雨を金色の光に変えたが、この光はゼウスの属性である稲妻とみるのが自然であろう。ゼウスは雷神であり、雷神の属性には雨のほかに稲妻、雷鳴などがある。稲妻が天空を走り、雷鳴がとどろき、やがて雨が降りだすという一連の自然現象をみれば、雷神であるゼウスはその時々に応じてさまざまな姿で示現すると考えられた。ゼウスは雨や稲妻などに身をやつして地上に降りてくるのである。ゼウスが稲妻になって女性の寝室に侵入する神話も伝えられている。たとえばテーベのアクロポリスにある母神たちの「花嫁の寝室」に下りていったときもゼウスは稲妻に変身している（『神話・伝承事典』、四三八頁）。レンブラントは当然、この神話も知っていたはずである。レンブラントはゼウスを稲妻に変身させてダナエを幽閉した室内に侵入させたのであり、画面はその瞬間を描いているのである。

しかし稲妻の閃光にしては光が弱すぎるのではないかといわれるかもしれない。たしかにそのとおりで、ここにもレンブラントならではの新しい解釈があったように私には思われる。レンブラントは稲妻の鋭い閃光をあえて金色の柔らかな光に変えたのである。ダナエを包み込む金色の光は、いわば愛のメタファーであり、ゼウスはみずからやさしい光に変じて、ダナエの全身を包み込むように愛撫する。レンブラントは金色の光によってゼウスの到来を告げると同時に、ゼウスとダナエとの交会を間接的に表現したのである。その意味でも、レンブラントの「ダナエ」は他の画家の作品にはない表現の豊かさというか、芸術的な香気が感じられるといっていい。

時代がさがって、近代画家ではクリムトに同じ画題の作品（一九〇七－八）がある。クリムトは黄金色の雨がダナエと交わる瞬間を描いている。ダナエの股間に黄金色の雨が降り注ぐという大胆な構図で。ダナエの表情は恍惚として、突然の闖入者を拒絶するどころか従容と受け入れているようにみえる。レンブラントの「ダナエ」と比較してみると、神話のモチーフに忠実という点ではクリムトに軍配が上がるし、構図的には先に紹介したベルリン美術館所蔵の図像に近いとさえいえる。ただ構図は似ていても、ダナエという女性の描き方には大きなへだたりがある。それはレンブラントが描くダナエとも違うし、一七世紀と二〇世紀という時代の差は大きい。クリムトはダナエという神話上の人物に新しい時代の息吹を吹き込み、一人の自立した女性として描いたのである。それは近代画家としての神話の新しい解釈であり、またクリムト個人の資質によるものでもあろう。ともかくゼウスが黄金色の雨に変身してダナエと交わるという神話のモチーフは、多くの芸術家たちの創作意欲を刺激してきたようである。

日光感精型の神話

『ギリシア神話』に戻ると、ゼウスが雨になって妊娠させた女性はダナエだけではなかった。葡萄酒の神として知られるディオニュソスもゼウスの息子であり、ゼウスが雷雨となって神木であるセメレの上に降りそそいで生まれた子である。ディオニュソスはゼウスを父として、セメレを母として生まれたのである。ディオニュソスがゼウスの子であることは、その名にも刻まれていて、ディオニュソスは Dios＝ゼウスと Nysos＝木の合成語とされる。ディオニュソスはバッカスともいい、一般にはこの名で呼ばれることが多い。バッカスはディオニュソスのローマ名で、土居光知氏によると、この神はブドウを栽培する地方で崇拝されたために酒神のように考えられているけれども、もとは植物神であり、豊穣を祈る人々の祭る神であったという（『土居光知著作集』第二巻、三八〇頁）。大地を潤す慈雨があってこそ豊かな収穫も期待できるし、豊穣は天からの恵みの雨に左右される。ディオニュソスは雷神ゼウスの息子であり、その性質は父親譲りということができるだろう。

雨と同じく光にも「産ませる者」という性質がある。フロイト流にいえば、光は貫くものであり、とくに稲妻のような鋭い閃光は男根のシンボルであり、女性を孕ませるものと考えられた。その意味では雨も光も同格であり、されぱレンブラントの意識下で雨から光へ横滑りするような選択がなされたともいえる。もっとも、レンブラントは稲妻の鋭い閃光を金色の柔らかな光に変え、その光でやさしくダナエの裸身を包み込んだ。その柔らかな金色の光は愛のメタファーと言ってもよく、このことはすでに述べたとおりである。

光の「産ませる者」という性質は、いわゆる日光感精型の神話に典型的にみることができる。雨を光に置き換えただけで、内容的にはダナエの話と同じような説話が中国の『魏書』高句麗伝にある。一室に閉じ込められた女が室内に射し込んだ日光によって妊娠する話である。三品彰英氏の説明では、「高句麗の始祖朱蒙の母は河神の女で、夫余王によって室中に閉じこめられていた。すると女は日光に照らされ、身を避けても日光が追ってきて、ついに妊娠し、五升ほどもある大卵を生んだ。その母はその卵を包んで暖かいところに置いたところ、殻を破って男子が生れ出た。この子を朱蒙と呼んだ。俗に朱蒙とは善射を意味している」という（『三品彰英論文集』第二巻、二八二頁）これは雨が光に変わっただけで、ゼウスがダナエを妊娠させる話と酷似している。女を閉じ込めた部屋にまばゆいばかりの日光が射し込む。女は光を避けようとするが、なおも追ってきて、ついには女を妊娠させる。

これは日光が女と交わって妊娠させる話で、魏のもう一人の君主である拓跋恪《たくばつかく》が誕生するときの逸話もこれとよく似ている。エドワード・H・シェーファーによると、宮廷のある高貴な婦人が太陽に追われる夢を見る。彼女は恐怖におののきベッドの下に隠れて震えていると、太陽の光が彼女を見つけ、龍に姿を変えて彼女をとぐろに巻き、妊娠させたという(『神女』、三二頁)。太陽の光が龍に変じて女性をとぐろに巻く。これは太陽の光の本体が龍であることを示している。

アレクサンドロス大王が誕生したときの逸話も拓跋恪の話と同類で、大王の母オリュンピアスは、結婚式の前夜、はげしい嵐に吹きまくられ、電光が彼女の胎内へ落ちる夢を見たとされる(『夢の王国』、二五七頁)。あるいはアレクサンドロス大王を身ごもった夜、巨大な蛇と交わる夢を見たともいわれる(同前、一〇三頁)。いずれにしてもアレクサンドロス大王は母が雷と交わって生まれた子とされている。雷は稲妻や龍蛇の姿で女性と交わるのである。これは前にもふれたように、小野篁の母親が竹林で筍と交わって篁を生んだという日本の説話を想起させる。筍も稲妻や龍蛇と同じく男根のシンボルである。

拓跋恪の説話では、太陽の光が龍に姿を変える。電光や稲妻が龍に変じるのはわかるが、太陽の光が龍に変じるとはどういう意味だろうか。シェーファーの説明では、「彼女の配偶者は、一時的に太陽の外見をとったりするが、雨の神格化である」という。雨をつかさどるのは雷神であるから、雨の神格化とは雷神のことを指しているようである。雷神が龍に姿を変えて彼女をとぐろに巻いて、妊娠させたのである。雷神の本体は龍であり、これが一時的に太陽の外見をとるのは、雷神の属性である電光、つまり稲妻の閃光のことをいっているのだろう。太陽の光も電光も天空から射してくるから、古代人が太陽の光と電光を混同することは十分に考えられる。というよりも、電光は持続的な太陽の光の一部であって、電光と太陽の光はほとんど区別されることはなかったのだろう。李均洋氏によれば、『山海経・大荒東経』には雷神像が描かれていて、その説明文に「其光如日月」とあり、その光すなわち電光は日月のようだという。このことから、李氏は上古の雷神信仰と日神信仰との関連を指摘している（『雷神・龍神思想と信仰』、一〇八頁）。電光は太陽の光と同格とみられていたようで、電光は龍蛇そのものであり、太陽と龍が結びつくのもそのためであろう。

　太陽と龍との結びつきは日輪龍車という原始信仰からも説明できる。松前健氏によると、『淮南子』の本文の注記や『楚辞』の「東君」の節には、六頭の龍に曳かせた車に乗る日神のことが記されているという。また四川省重慶付近から出土した漢代の石棺の上の石刻画像にも鰐、もしくはトカゲのような形をした像が手に日輪を捧げている姿があり、この像を松前氏は原始的な龍の形だとして、古くから中国では太陽と龍が密接に結びついていたと述べている（『日本神話と古代生活』、一一五－六頁）。このように太陽と龍との結びつきは中国では古くからみられ、それが拓跋恪の説話にも反映されているのだろう。

　日光に感応して妊娠する日光感精型の説話は『古事記』の応神天皇にもみられ、これは天之日矛《あめのひぼこ》という新羅国の王子の話として伝える。新羅の阿具沼《あぐぬま》のほとりで一人の卑しい女が昼寝をしていた。すると、「是に日《ひ》虹の如く耀《かがや》きて、其の陰上《ほと》に指ししを、…」とあり、日の光が虹のようにその女の陰部のあたりを射したという。女はその時から身重になり、赤い玉を生んだ。玉は美しい乙女に変じてアメノヒボコの妻になったという。また『日本書紀』雄略天皇の三年には、「乃《すなは》ち河上《かはのほとり》に虹《ぬじ》の見《み》ゆること蛇《をろち》の如《ごと》くして、四五丈《よつゑいつつゑ》ばかりなり」とあり、虹が蛇のように見えたという記述がある。アメノヒボコの説話とこの話から明らかなように、「産ませる者」として日光－虹－蛇の関係が示唆されている。

稲妻と龍蛇

　虹は雨上がりに見られることが多く、雨をつかさどるのは雷神であるから、虹は雷神の本体である龍蛇とも結びつくし、これは言語的にも裏付けることができる。虹（ニジ）は蛇類の総称である「ナギ」とか「ナジ」に近接した語とされている。秋田県では青大将をアヲノジ、アヲノズという。小島瓔禮氏によれば、琉球諸島の池間島や竹富島のアウナズ、オーナーヂィのように、サキシマアオヘビの呼称が、そのまま虹を指す例もあり、虹(ニジ)が蛇をあらわす語と同根であることは疑いないという(小島瓔禮編著『蛇の宇宙誌』、五一頁)。虹と蛇は語源的にも同根語のようである。とくに興味深いのは琉球諸島の宮古島の伝承である。宮古島では虹をティンパウといい、ティンは「天」、パウは「ハブ」(蛇)のことで、地上の蛇に対して、虹を「天の蛇」とみていた(同前、四六頁)。虹と蛇を同一視するのは本土や沖縄だけでなく世界の各地にみられる。アメリカ大陸の原住民は虹を「巨大な天の蛇」とみなし、東ヨーロッパでは、虹は海や湖や川の水を吸って、あらためて雨として地上にまくといい、虹を巨大な蛇の一種であると想像しているという。いずれも小島氏の著書からの引用である(同前、五七―六〇頁)。

さらにフレイザーの『金枝篇』から北部オーストラリアのアヌラ部族に伝わる雨乞いの呪術を紹介しよう。ここでも虹と蛇が同格とされている。彼らはまず蛇をつかまえて生きたまま水に浸し、しばらくしてから取り出して殺し、池の岸に横たえて置く。そして草の茎を束ねて虹を模した弓形をつくり、これを蛇の上に立てる。それから蛇に歌いかけ、蛇の真似をすると早晩かならず雨が降る。彼らの説明では、蛇は池を棲みかとし、虹や雲が現れてついに雨が降りだすまで、空高く水を吹き上げて雨を作っていたのだという(『金枝篇』一、一六九頁)。とくに興味深いのは、虹を模した弓形を蛇の死体の上に立てることで、これは虹と蛇が同格であることを具体的に示したものといえよう。

このように虹を巨大な蛇とみるのは普遍的で、虹と蛇に同じ元型的なイメージをみているのである。日光に感応して妊娠したアメノヒボコの説話にしても、日光が龍蛇に変じて婦人と交わったという拓跋怙やアレクサンドロス大王の逸話にしても、いずれも神話的には同じモチーフであることがわかる。

電光は稲妻とも言うが、稲妻が男根のシンボルであることを示す図柄は古代ギリシアの壺絵にもみられる。アテネのイリソス川の堤から出土した壺には王と祭壇上の女神が描かれ、王の勃起した男根からは女神の「三角形のシンボル」に向かって一筋の稲妻が走っている。バーバラ・ウォーカーによれば、この図柄は北ヨーロッパから中央アジアあたりの神-王の典型的なイメージを表しているといい、この地域の族長たちは、稲妻に扮して神聖なカーリーまたはカウリーの異形と交わったとされる（『神話・伝承事典』、四三九頁）。壺に描かれた稲妻も、実際に族長が稲妻に扮して女神と交わる風習も、要は稲妻が男根のシンボルであることを素朴に表現したものにほかならない。

稲妻は雷神の属性であり、また雷神の正体を龍とみるのは一般的で、日本でも、「龍は鳴神の類《るい》こそ有りけり」（『竹取物語』）とあるように、雷神の本体は龍とされる。鳴神《なるがみ》は雷神の別名である。稲妻は龍や蛇を連想させることから、天空を駆ける稲妻に龍蛇の姿を重ねて見ているのである。蛇のあるものが昇天して龍になるともいわれ、長野県あたりでは、窪みのある石を「龍摺り石」などといって、石の中から誕生した龍が昇天するさい尾の尖端で渦を巻いて昇ることから、そのときにできた痕跡とされる。

『和名抄』には雷は「雷公」とあり、雷の別称として伊加豆知（イカヅチ）、奈流加美（ナルカミ）、伊奈比加利（イナビカリ）、伊奈豆流比（イナツルビ）、伊奈豆萬（イナヅマ）などをあげている。イカヅチのイカは「厳《いか》」で、ツチは水神を意味するミヅチと同じで蛇の類とされる。あるいはイカヅチは「厳《いか》つ霊《ち》」で、「ツ」を連体助詞とみる説もある（『岩波古語辞典』）。しかしこの説は最近の研究では否定されている。谷川健一氏は、ツツは蛇の古語だから、イカヅチはイカツツの転訛であり、「いかめしい蛇」のことだとしている（『蛇』、一八九頁）。ツツとツチは同じ蛇を意味する古語であり、したがってイカヅチは獰猛な龍や蛇の類とみるのが正しいようである。

雷の別称であるイナツルビは「稲つるび」で、「雷神と稲とがつるんで（交接して）稲が穂をはらむ」（『岩波古語辞典』）ことによる。イナヅマ（稲妻）もこれと同じで、稲の夫（つま）、要するに「稲をはらませる夫」という意味である。「ツマ」は結婚相手のことをいう言葉で、女だけでなく男に対してもいう。だから稲妻は「稲夫」と表記した方がふさわしいともいえる。イナツルビもイナヅマも雷が稲作と関係があることを示す語であり、鎌倉時代の紀行文学として知られる『海道記』には、…水竜は、もとより稲穀を護りて、夏の雨を降し、電光は、かねてより九穂を孕みて、三秋を待つ。

とある。水竜は竜神と同じで雷神のこと。雷神は稲を守り、夏の雨を降らせるし、稲妻はあらかじめ夏のうちから稲穂を実らせ、秋の豊作にそなえるのだという。とくに電光は文字通りイナズマ(稲妻)となって雷雨をもたらし、稲穂を孕ませる。

水の隠喩

雷神は雨をつかさどる神で、大地に降り注ぐ雨によって農作物の成長をうながす。大地は女性原理のあらわれであり、一方の天空は男性原理をあらわしている。大地を母胎とみて、天が雷となって大地を受胎させるのである。大地を突き刺す稲妻は男根で、天空から降り注ぐ雨は精液であり、ゼウスは母なる大地を豊饒にするために雨もしくは稲妻となって「天から降りて来た」とも言われ、大地を肥沃にする稲妻の神であるゼウスは、「ゼウス・カタイバデス(降臨するゼウス)」として知られていたという(『神話・伝承事典』、八六九頁)。

すでにみたように、『ギリシア神話』のダナエの説話では、ゼウスはみずから黄金色の雨になってダナエの膝に降り注ぎ、彼女を妊娠させた。黄金色の雨は精液であり、クリムトはこの神話をモチーフに「ダナエ」を描いたが、大胆にも黄金色の雨はダナエの股間に降り注いでいる。この雨も精液の隠喩であることはいうまでもない。

雨を精液とみるのは普遍的で、とくに神話的にいえば、大地は母胎であり、そこに降り注ぐ雨は大地を潤す天なる父の精液とみなされる。精液という雨によって大地は受胎するのである。世界各地の宗教儀礼や民間信仰には、断片的とはいえ原初神話を再現したと思われる風習が残されている。大林太良氏が紹介するインドネシア北東部のモルッカ諸島に伝わる祭もそのひとつである。モルッカ諸島のうちレティ、モア、ラコール、ルアン＝スルマタなどの島々では、ウプレロ(祖父なる太陽)とウプヌサ(祖母なる大地)は、それぞれ男性原理と女性原理を体現している。雨季のはじめになると、ウプレロのためにポルカ祭が催される。太陽男神と大地女神の原初の神婚が毎年あらたに反復され、降り注ぐ雨が大地を孕ませる精液と考えられているのだという(『神話の系譜』、二八七頁)。天は地を抱いて降り注ぐ雨によって受精させるのである。

農耕儀礼でも雨は精液と同一視されることがある。エリアーデによると、ドイツの年頭行事には、鋤で畑をすく前に、鋤に水を振りかけるならわしがあり、この水はたんなる雨の象徴ではなく、男性の精液という意味もあって、鋤き手はしばしばしば水を振りかけられる。フィンランドやエストニアにも同じような風習がある。またインドの古典には、雨が男女間の関係で精液と同じ役割をつとめることが明らかにされているという(『大地・農耕・女性』、一三四頁)。大地は母なるものすなわち母胎であり、そこに降り注ぐ雨は天なる父の精液であって、原初神話を再現することが農作物の豊饒につながるのである。

精液と水との関係は言葉にも残されている。エリアーデの説明では、水を意味するシュメール語の「a」には「精液、受胎、生産」という意味もあり、水と精液は同じとみられている。たとえばメソポタミアの彫刻では、水や象徴的な魚は「豊饒のしるし」とされる。現代でも未開人は日常生活はともかく、彼らの神話では水と精液は混同される。ワルタ島の神話では、ある娘が処女を失ったのは、身体を雨にうたれたからだという。トロブリアンド島では、英雄トゥダヴァの母ボルツクワが処女を失ったのは、鍾乳石から水が数滴したたり落ちて彼女にあたったからである。ニューメキシコのピマ族というインディアンにも似たような神話があって、絶世の美女(つまり地母神)は雲から落ちてきた一滴の水で孕んだとされる(『豊饒と再生』、六一頁)。雨や水は精液と同一視され、女性を妊娠させることができると信じられたのである。

すでに紹介したように、ドイツにはいたるところに「子どもの泉」「子どもの池」「子どもの井戸」と呼ばれるものがあり、オックスフォードでは、子どもの井戸というのは、「不妊の女性を妊娠させる泉」とされている。この場合の水は羊水であると同時に子供を授ける呪力のある水、つまり精液でもあり、ここにも雨や水が精液と同一視された原初神話の名残がみられるようである。

アダムとエヴァの寓話にも水が介在しているらしい。ユングによると、『錬金術事典』の著者として知られるルランドゥスは「永遠の水」の同義語としてアダムに言及し、これを「地」を意味するエヴァに対立させているというから(『結合の神秘』Ⅱ、一六二頁)、ここで言う「永遠の水」も精液であることがわかる。エヴァが「地」であるのに対してアダムは精液であり、アダムとエヴァの寓話も、錬金術の世界では原初神話の一変種とみられているのである。これは錬金術とキリスト教の関係からいっても納得がいくのではないだろうか。ユングは別のところで、錬金術とキリスト教の関係は、夢と意識の関係のようなものだといい、「錬金術は地表を支配しているキリスト教に対して、いわば地下水をなしている」のだという(『心理学と錬金術』Ⅰ、四〇頁)。

このように神話の世界では雨や水はしばしば精液とみなされ、そのことをうかがわせる宗教儀礼や農耕儀礼がいまも世界各地に残されているのは興味深い。日本でも雨乞いの儀礼などに断片的にみることができるようで、寒川恒夫氏は沖縄に伝わる男綱と女綱を結合させて行う綱引きにふれ、これも雨乞いを目的としたものだといい、それは「天夫の精液つまり雨を刺激する行為」であったと述べている(『相撲の宇宙論』、一三二頁)。男綱と女綱の結合は、天夫と地母の聖なる結婚を象徴し、ここでも雨は地母を孕ませる天夫の精液とみられているようである。天夫と地母が交わるという原初神話を再現することが農作物の豊穣祈願につながるのである。ここには綱引きの古い意味が隠されていて、農作物の豊穣祈願というのは表面的で比較的新しい解釈であることがわかる。

日本では雨や水を精液のシンボルとする具体例はそれほど多くはない。ただ次に引く『万葉集』の歌などはどうだろうか。

妹が寝《ぬ》る　床《とこ》のあたりに　岩ぐくる　水にもがもよ　入りて寝《ね》まくも

（巻十四－三五五四）

妹が寝ている床のあたりに、岩間をくぐる水になって、もぐりこんで寝たいものだという。「岩ぐくる」水とは、岩と岩の間をもぐる水という意味だが、この水は精液の隠喩とみることもできるだろう。これは女に熱い思いを寄せる男の片思いの歌だろうか、妹の家の前に一人の男がたたずんでいる。家の戸は固く閉ざされ、妹への思いはつのるばかりである。岩間をくぐる水になれば、いとしい恋人の床辺に入り込むことができる。単刀直入にいえば、水になって妹と寝たい、思いをとげたいというのが歌の真意で、これはゼウスが黄金色の雨になってダナエを幽閉した塔の中に侵入して、彼女と交わったという神話を連想させずにはおかない。黄金色の雨は精液の隠喩であり、この『万葉集』の歌に詠まれた水も、元型的なイメージに還元してみれば、精液という隠れた意味があるのだろう。

水がたんなる物質（H_2O）とみなされるようになったのはたかだか近代以降のことで、雨や水には精液という隠れた意味がある。大地に降り注ぐ水は地母神を孕ませる精液であり、このような元型としての水は雨乞いや豊穣祈願の儀礼にも連綿と受け継がれていたようである。天は雷となって大地を受胎させるのである。大地を突き刺す稲妻は男根で、天空から降り注ぐ雨は精液であり　このような原初神話がのちには雷神が女性を孕ませたり妊娠させたりする伝説や説話へと発展する。

第六章　蘇生の水

丹塗矢伝説I

　天が雷となって大地を受胎させるという原初神話の文学的展開は、日本では丹塗矢《にぬりや》伝説や三輪山伝説に典型的にみることができる。丹塗矢伝説でよく知られているのは『山城国風土記』逸文に記載された賀茂《かも》の社の縁起である。この話では「産ませる者」としての雷神は稲妻や雨になって天降ってくるのではなく、いったん山の峰に降臨し、さらに川を下って女性のもとを訪れるのである。まずは話の概要をみておくことにしよう。

　賀茂の社の縁起は加茂県主《かものあがたぬし》の始祖とされる外祖父《おほぢ》の建角身命《たけつのみのみこと》の来歴からはじまる。建角身命は最初、日向《ひむか》の峰に天降り、大倭《やまと》の葛木山の峰に宿り、そこから山代の国の岡田の賀茂に移動し、山代河を下り、葛野河《かどのがわ》と賀茂河《かもがわ》の合流するところで賀茂河を見渡してこう言った。「狭小《さ》くあれども、石川《いしかは》の清川《すみかは》なり」と。この川は狭いけれども、石の多いよく澄んだ川だという。これを石川の瀬見《せみ》の小川と名づけ、この川をさかのぼった地に居を定め、その地を賀茂と命名した。

　建角身命は丹波の国の神野《かみの》の神伊可古夜日女《かみいかこやひめ》を娶って玉依日子《たまよりひこ》と玉依日売《たまよりびめ》の二人の子をもうけた。そして玉依日売が石川の瀬見の小川で川遊びをしていると、川上から丹塗矢が流れてくる。その矢を持ち帰り家の床辺に挿しておくと、やがて懐妊して御子を生む。御子が成長して成人になったとき、外祖父の建角身命は広大な家をつくり、たくさんの酒を醸造して、神々を集めて七日七夜にわたり宴を催した。そして外祖父が御子と語らいながら、「お前の父と思う人にこの酒を飲ませなさい」と言うと、御子は酒杯をささげて天に向かって礼拝し、屋根の瓦を突き破って天に昇ってしまった。そこで外祖父は御子を可茂別雷命《かもわけいかつちのみこと》と名づけたという。これがのちの賀茂別雷神社（上賀茂神社）の祭神である。御子の父は天上にいるので、屋根を突き破って昇天したのである。父の名は火雷神《ほのいかつちのかみ》といい、この神はのちに乙訓《おとくに》神社に祀られた。

可茂別雷命の父は火雷神である。火雷神も雷神で、火雷は電光や稲光を意味し、これを神格化した神にほかならない。この神が丹塗矢に姿を変えて瀬見の小川を流れ下り、玉依日売のもとを訪れて懐妊させ、生まれた子が別雷神である。乙訓神社の火雷神に関する記事が『続日本紀』文武天皇の大宝二年（七〇二）条にみえる。それには「…山背国《やましろ》乙訓《おとくに》郡にある火雷神は、雨乞いをする度に霊験がある」とあり、火雷神は雨をもたらす神として崇められていたことがわかる。

火雷神は丹塗矢に変じて川を流れ下ってくるが、この雷神もまた外祖父の建角身命と同じように山の峰に降臨し、川を流れ下ってきたことは容易に想像できる。雷神はいったん山の峰に降臨したあと、川を流れ下って女のもとにやってくる。これが賀茂の社の縁起にみられる丹塗矢伝説の特徴といえる。ゼウスのようにみずから雨や水に変身するのではなく、丹塗矢という物実に変身して女性のもとを訪れるのである。神は物実として水を媒介にしてやってくるのであり、ここに丹塗矢伝説の文学的特質がみられるといえよう。

丹塗矢は雷神の物実である。物実の「物」は魂のことで、物実は魂をかたどったものであり、丹塗矢は火雷神の魂が目に見えるかたちであらわれたものにほかならない。丹塗矢の「丹《に》」は「土《に》」と同根とされ、とくに赤土のことをいい、これを用いて赤色の顔料とした。したがって丹は赤（朱）という意味で、丹塗矢は赤く塗った矢のことである。また丹には穢れを祓う呪力があり、それは火による修祓と関係があるといわれている。丹（赤色）は火が発する光のイメージでもある。赤く塗られた丹塗矢は電光をあらわしていて、これは丹塗矢に姿を変えたのが火雷神であることからもわかる。火雷神は稲光や電光の神格化であり、その意味でも、丹塗矢は火雷神のシンボルとして、物実としてまことにふさわしいといえる。

矢と雷の関係は『陸奥国風土記』逸文でも示唆されている。日本武尊が東の夷《えみし》に至ると、土蜘蛛と蝦夷が抵抗する。そして日本武尊が矢を放つと、「七發《ななさ》の矢《や》は、雷如《なるかみな》す鳴《な》り響《とよ》みて」とあり、尊が放った七発の矢が雷のように鳴り響いて蝦夷の徒党を追い散らしたという。矢が雷のように鳴り響いたのは、矢と雷との密接な関係を示すもので、矢がもともと稲妻や電光をかたどったものであることが暗示されている。

丹塗矢伝説Ⅱ

丹塗矢伝説は『古事記』神武天皇の皇后選定の段にもあり、これは大物主神が丹塗矢と化して溝を流れ下り、厠《かわや》で用を足していたセヤダタラヒメのホトを突くという話である。

然れども更に大后《おほきさき》と為《せ》む美人《をとめ》を求《ま》ぎたまひし時、大久米《おほくめの》命曰《まほ》しけらく、「此間《ここ》に媛女《をとめ》有り。是《こ》をカミノ御子と謂ふ。其《そ》の神の御子と謂ふ所以《ゆゑ》は、三島溝咋《みしまのみぞくひ》の女《むすめ》、名は勢夜陀多良比賣《せやだたらひめ》、其の容姿《かたち》麗美《うるわ》しかりき。故、美和《みわ》の大物主《おほものぬしの》神、見感《みめ》でて、その美人の大便為《くそま》れる時、丹塗《にぬり》矢に化《な》りて、其の大便為《くそま》れる溝《みぞ》より流れ下《くだ》りて、その美人の富登《ほと》を突《つ》きき。爾に其の美人驚きて、立ち走り伊須須岐伎《いすすきき》。乃ち其の矢を將《も》ち來て、床の邊《へ》に置けば、忽ちに麗《うるは》しき壯夫《をとこ》に成りて、卽ち其の美人を娶して生める子、名は富登多多良伊須須岐比賣命《ほとたたらいすすきひめの》と謂ひ、亦の名は比賣多多良伊須氣余理比賣《ひめたたらいすけよりひめ》と謂ふ〔是は其の富登と云ふ事を悪みて、後に名を改めつるぞ〕。故、是《ここ》を以ちて神の御子という謂ふなり」とまをしき。

神武天皇が皇后の候補者を探していると、オオクメノミコトが一人の神の御子を推薦する。三島溝咋の娘で、名をセヤダタラヒメという。その容姿はたいそう美しく、この娘を見た大物主神は大いに気に入り、その乙女が大便をする時、丹塗矢に姿を変えて厠の溝から流れ下って、乙女の陰部を突いた。乙女はびっくりして走りまわり、それからその矢を持ち帰り、寝床のそばに置くと、矢はたちまち立派な男になり、やがて乙女と結婚して生んだ子はホトタタライススキヒメノミコトといい、またの名をヒメタタライスケヨリヒメという（これはホトという言葉を嫌って、のちに改めた名である）。

大物主神は雷神であり、この伝説でも雷神は丹塗矢を物実として川を流れ下り、セヤダタラヒメのもとを訪れる。話の舞台は厠であり、厠が男女交会の場とされているのは興味深い。ここでいう溝は水を流すために掘った人工の川のことで、この上に板を渡し、小屋を建てて厠とした。厠は川屋であり、屎尿はそのまま溝に流したようである。厠は言ってみれば原始的な水洗便所ということができる。厠の下を流れる溝は川の支流であって、大物主神はこの川を流れ下ってきたのである。三島溝咋は地名で、溝咋の「溝」が厠の溝に対応することは容易に想像できよう。また一説では、咋は「杭」で男根を連想させることから、これが丹塗矢伝説に発展するのだという（『古事記・上代歌謡』、一六三頁、頭注）。丹塗矢の矢は雷神のシンボルであると同時に男根のシンボルでもある。

一方で溝は大物主神とも無縁ではない。大物主神は雷神であり、雷神と溝とのかかわりは『日本書紀』の神功《じんごう》皇后のくだりにもある。皇后は肥前国で神田を定め、水を引きれようと溝を掘らせていると、行く手に大岩が立ち塞がっていて、溝を通すことができない。皇后は武内宿禰を召して、神祇に祈らせると、「則ち當時《とき》に、雷電霹靂《かむとき》して、其《そ》の磐《いは》を蹴《ふ》み裂《さ》きて、水《みづ》を通さしむ」とあり、にわかに雷鳴が激しく轟き、その岩を踏み裂いて水を通じさせたという。雷電霹靂は落雷のことである。雷が大岩めがけて落ちて踏み裂いたのである。雷は雨を降らせるだけでなく、溝の掘削にもかかわっていたことがわかる。雷と溝との関係からいっても、雷神たる大物主神が丹塗矢と化して溝を流れ下ってくるのは象徴的な話である。

丹塗矢はいまも言ったように稲妻や電光のシンボルだが、一方では、雷神の正体は蛇体であるから蛇とも関係がある。矢はもともと蛇をかたどったものであり、そのことは『日本書紀』に出てくる「天羽羽矢《あまのははや》」が示唆している。アメノワカヒコ（天若日子）は葦原中国を統治するために高天原から派遣されるけれども、そのさいアマテラスから天鹿兒弓《あまのかごゆみ》と天羽羽矢を手渡される。「天」は天つ神の住む天上世界をあらわす語で、「羽羽《はは》」は蛇の古語である。ハハは『古語拾遺』にも「古語に、大蛇《をろち》を羽々《はは》と謂ふ」とあり、古くは蛇のことを「ハハ」と言ったのである。したがって羽羽矢を直訳すれば蛇の矢、つまり蛇をかたどった矢という意味であり、「天羽羽矢」は蛇と矢の関係を如実に示すものといえる。

三輪山伝説

蛇と矢の関係は吉野裕子氏も指摘している。吉野氏は、矢は蛇の象徴だと言い、「矢はその先端が三角状で蛇の頭部を象るものとされた」と述べている（『蛇』、一二三頁）。矢の先端の三角形は矢尻であり、これは蛇の頭部をかたどったものだという。矢尻を含む矢全体が蛇をあらわしたもので、くわえて丹塗矢がセヤダタラヒメのホトを突く話から明らかなように、矢は男根のシンボルでもあり、したがって矢－蛇－男根の関係は明白である。これらはいずれも男性の元型的なイメージをあらわしていて、丹塗矢伝説では、雷神は「産ませる者」として雨や水ではなく「矢」に変じて女のもとを訪れるのである。

矢と男根の関係から思い出されるのは、『ギリシア神話』が語るエロスとプシュケの話である。冥府を訪れたプシュケは宝物を封じ込めた箱を持ち帰るが、箱のなかに入っていたのは実は宝物ではなく冥府の眠りであった。それとは知らずに箱を開けために、彼女は眠りにとりつかれ、眠ってばかりいる屍になってしまった。エロスはプシュケの身体から眠りを寄せ集めて、ふたたび箱の中に閉じ込めてしまう。そして矢で軽くプシュケを突くと、彼女は眠りから覚める。この場合の矢も男根のシンボルであり、矢で突くという男性的な挑発行為によってプシュケは眠りから覚めるのである。眠りからの目覚めは意識の覚醒であり、それが矢で突くという行為によって象徴化される。矢は男根のシンボルであると同時に意志のあらわれでもあり、矢で突くことは意識の覚醒、つまりは眠りからの目覚めを象徴しているのである。

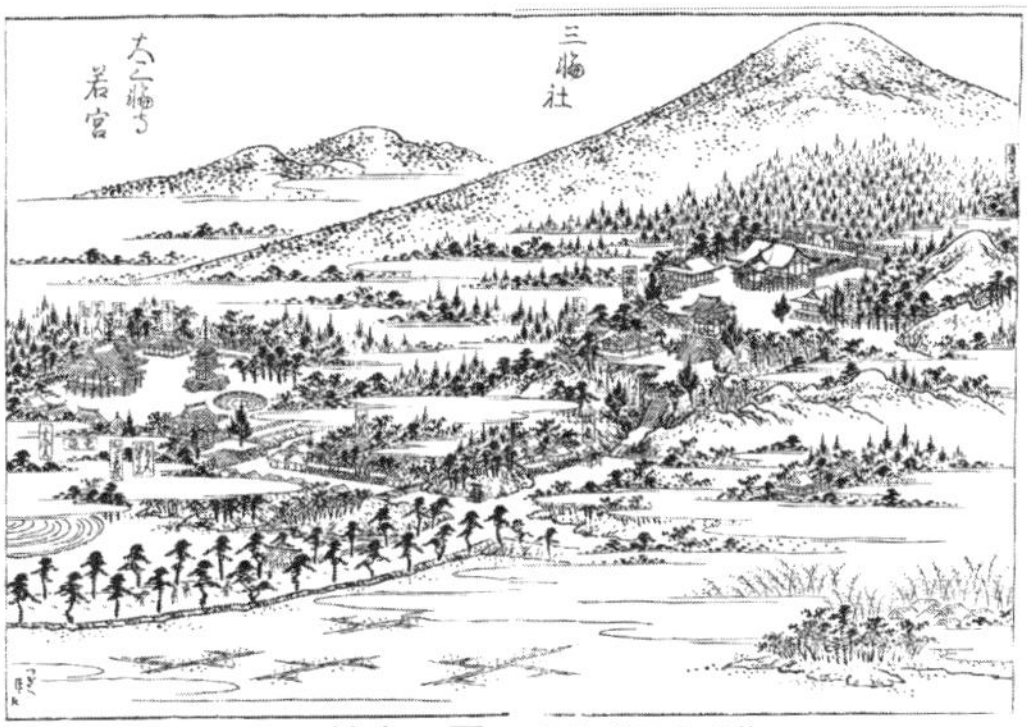

三輪山の図 日本地学研究所蔵
（『大和名所図会』＜版本地誌体系３＞臨川書店より）

また、矢と男根の関係が拡大解釈されると、矢そのものが男性と同一視されることもある。C・G・ユングは、矢には男性の意味があると言い、「アラブには『勇ましい男児を生む』という意味の、『鋭い矢を作る』という言いまわしがある。男児の誕生を知らせるために、中国では家の前に弓矢を掛けた」と述べている（『変容の象徴』下、一九頁）。矢には男の意味があり、日本の大物主神の説話でもセヤダタラヒメが矢を持ち帰り、寝床のそばに置くと、矢は立派な男になる。これも同じ文脈のなかで語られるべき同類の話であろう。矢に男性という意味があるのは、矢の元型的なイメージからきているのであって、そのために民族を超えて普遍性がみられるのである。

大物主神の説話とゼウスの説話を比較してみるのも興味深い。大物主神は丹塗矢に姿を変えて川を流れ下り、厠で用を足していたセヤダタラヒメのホトを突いて妊娠させる。大物主神は雷神であり、同じ雷神でもゼウスは黄金色の雨になってダナエの膝に降り注いで妊娠させた。黄金色の雨は精液の隠喩であり、一方の丹塗矢は男根の隠喩である。精液も男根も男性原理の具体的なイメージをあらわしていて、雷神が天降って女性を妊娠させるという神話的モチーフは共通している。丹塗矢伝説では、大物主神は丹塗矢と化して川を流れ下ってくる。ゼウスと違って日本の雷神は雨や水ではなく物実として女性のもとを訪れるのであり、ここに日本神話がもつ独自の文学的な展開をみることができるように思われる。

三輪山伝説も丹塗矢伝説とよく似た話で、『古事記』や『日本書紀』などに記載がある。『古事記』崇神天皇によれば、活玉依毘売《いくたまよりびめ》という美しい娘のもとに夜ごと通ってくる男がいた。娘はやがて身重になり、夫もいないのに不審に思った両親は、男の素性を知るために、麻糸を通した針を男の着物の裾に刺しておくように娘に言う。翌朝、麻糸のあとをたどっていくと、家の戸の鉤穴を通り抜けて、三輪山の社《やしろ》のところで止まっていた。そのことから男の正体が大物主神であることを知る。そして麻糸は「三勾《みわのこ》遺りしに因《よ》りて、其地《そこ》を名づけて美和《みわ》と謂ふなり」とあり、麻糸は三勾（三巻）だけ巻子に残ったことから、その土地を名づけて美和といったという。美和は三勾もしくは三輪の当て字である。

大物主神は三輪山のご神体で、大神が男に変身して娘のもとに通っていたのである。興味深いのは、大物主神が戸の鉤穴を通り道にしていることで、その正体が蛇体であることを示唆している。蛇体であればこそ鉤穴を通り抜けることができるわけで、しかも蛇体は変幻自在である。大蛇になったり小蛇になったり、必要に応じて身体の大きさを自在に変えることができると信じられていたらしい。

大物主神の正体は大蛇だが、戸の鉤穴をくぐり抜けるときは小蛇に変身していたのである。一方、『日本書紀』崇神天皇が語る三輪山伝説では、話の内容が『古事記』とは少し違う。大物主神の妻になったのは倭迹迹姫命《やまとととびめのみこと》であり、大神は夜に来て、夜が明ける前に帰ってしまうので、妻は夫の顔を見ることができない。せめて夜が明けるまでいてくれるように倭迹迹姫命が夫にたのむと、大神は答えて言う。「言理灼然《ことわりいやちこ》なり。吾明旦《われくるつあした》に汝が櫛笥《くしげ》に入《い》りて居《を》らむ。願はくは吾《わ》が形《かたち》にな驚《おどろ》きましそ」と。もっともなことである。では翌朝、あなたの櫛笥に入っていることにしよう。

どうか私の形に驚かないようにとくぎを刺す。姫は妙なことをいうものだと思いながら、夜が明けるのを待って櫛笥を見ると、「遂《まこと》に美麗《うるは》しき小蛇《こをろち》有《あ》り。其の長《なが》さ大《ふと》さ衣紐《したひも》の如《ごと》し」とあり、大物主神は着物の紐ほどの大きさの小蛇になって櫛笥に入っていた。姫が驚いて叫ぶと、大神は人の姿に戻り、私に恥をかかせたといって、こんどはお前が辱めを受ける番だと言い、大空を踏んで御諸山《みもろやま》に登られた。御諸山は三輪山のことで、姫は山を仰ぎ見て後悔し、どすんと坐りこんだ拍子に箸で陰部を突いて死んでしまった。

本題から少しはずれるようだが、櫛笥は髪結いの道具や髪飾りなどを収める小箱である。女性専用の持ち物であり、その形状からいっても子宮や母胎のシンボルと考えられる。小箱の中に蛇が入っている話は日本の神話にかぎらないようで、オットー・ランクによると、古代ギリシアの聖なる結婚の儀式では、黄金の男根型の蛇が小箱のなかに納められた。小箱は処女性を象徴し、小箱の中に蛇を入れるのは、処女性が犠牲として捧げられたことを示している。そして神話の物語では、小箱は「隠し守る子宮の代わり」をつとめるのだという（『英雄誕生の神話』、一三九頁）。『日本書紀』の三輪山伝説では、小箱に納められた小蛇というモチーフはヤマトトトビメノミコトの死をもって完結する。ここにも処女性の犠牲という神話的モチーフがみられるようである。大物主神は小蛇に変身してヤマトトトビメノミコトのシンボルともいうべき櫛笥の中に入っていた。これはヒメの処女性の犠牲を象徴化したものであり、それが箸で陰部を突いて死ぬことで具体化される。

アニムスと蛇

話を戻すと、『日本書紀』の三輪山伝説では、大物主神は小蛇に変身したことが語られている。『古事記』の同じ話によると、大物主神は戸の鉤穴をくぐり抜けていったが、この場合も小蛇に変身したことが想像できる。大物主神は戸の鉤穴を通り道にして活玉依毘売のもとに通っていたのである。戸の鉤穴を通い路にしているのは蛇体の大物主神だけとはかぎらない。『今昔物語集』巻第二十七には、物の怪が油壺に化けて閉じられた門の扉の鉤穴から家の中に入り、若い娘をとり殺した話が語られていたのを思い出す。鉤穴は境界であり、境界であるがゆえに神霊や物の怪などはここを通い路にしているのである。物の怪が化けた油壺にも小蛇と同じく男性のシンボルという意味があるのだろう。

三輪山伝説や丹塗矢伝説では女性と交わる男の正体は蛇であり、この場合の蛇は女性のアニムスをあらわしていると考えられる。アニムスは言うまでもなくアニマに対応する言葉であり、ユングによれば、人間は男も女も元来が両性具有的であり、それぞれの性の裏面は無意識の底に沈み意識化されることはなく、それが夢などにあらわれるとされる。無意識化された性の裏面は、男の場合はアニマ像として、女の場合はアニムス像として人格化される。三輪山伝説や丹塗矢伝説でも、蛇が女性のもとを訪れるときは立派な男に変身する。女性にとってアニムスは具体的な男性像として人格化されるのである。

しかし時代をさかのぼると、アニムスやアニマは人格化されずに元型的なイメージのままで表現されることが多く、井本英一氏は、「古いエジプト芸術では男神の頭が蛙になっており、女性のそれは蛇になっている」と述べている(『神話と民俗のかたち』、一七三－四頁)。蛙はしばしば子宮や母胎のシンボルとされるから、男神の頭の蛙はアニマをあらわしているのだろう。一方、女神の頭の蛇だが、これは言うまでもなく男根のシンボルだからアニムスということになる。フロイトが言うように、「もっとも重要な男根の象徴は蛇」であり(『フロイト著作集』第二巻、一九五頁)、この場合のアニマとアニムスは人格化される以前の元型的なイメージをあらわしているといっていい。

元型とイメージとシンボルの関係について付言すると、「元型に名前を付すことは言語の最大の問題」であるとエレミーレ・ゾラは述べている(『元型の空間』、一四一頁)。この言葉を受けていえば、元型をイメージ化することはシンボルの役割であり、そこにシンボルのシンボルたるゆえんがあると言えよう。言葉はイメージの世界から紡ぎ出されるが、言葉の世界とイメージの世界をつなぐのは元型であり、ひとつの言葉の背後にはそれに見合う元型がひそんでいるのである。

さて、三輪山伝説や丹塗矢伝説では、女のもとを訪れるのはアニムスとしての蛇（矢も同じ）であり、そのために女は何の抵抗もなく素直に男を受け入れるのである。男も女もアニマやアニムスの誘惑から逃れるのはむずかしいのである。蛇や矢のほかにアニムス像の元型としては剣、杖、爬虫類などがあげられる。「狐女房」や「鶴女房」など人間以外との婚姻をテーマにした異類婚姻譚にもどうやらアニマ像やアニムス像が投影されているようである。これらの話ではアニマやアニムスは動物の姿で登場することが多く、それが人間の姿に変じて男や女と結ばれる。二人は幸福な結婚生活を送るが、それも長くは続かない。人間が事実を知ると、二人の関係は破局を迎えることになる。事実が明かされることは無意識からの目覚めであり、夢から覚めるのと同じである。夢から覚めて現実に引き戻されると、物語は破綻せざるをえない。それが多くは結婚生活の破局というかたちをとるのである。

三輪山の神が登場する説話は三輪山伝説のほかにもある。『日本書紀』や『日本霊異記』が語る少子部栖軽《ちいさこべのすがる》の説話もそのひとつで、これは雄略天皇の随身であるチイサコベノスガルが雷を捕獲する話である。『日本書紀』の話では、天皇がスガルに詔《みことのり》して、「三輪山の神を見たい。お前は腕力が人並外れている。みずから行って捕らえて来い」と言った。スガルは三輪山に登って大蛇を捕らえてきて天皇にお見せしたところ、「其の雷虺虺きて《かみひかりひろめ》、目精赫赫く《まなこかかや》」とあり、大蛇は雷のような音を立て、目をきらきらと輝かせたので、天皇は恐れて殿中に隠れてしまった。そして大蛇を丘に放して、あらためてその丘に雷の名を与えたという。この大蛇が大物主神である。「雷虺虺きて、目精赫赫く」という表現からわかるように、雷のようにゴロゴロと音を立て、きらきらと輝く目をもった大蛇に雷の正体をみていたようである。

ところで、『古事記』が語る丹塗矢伝説の大物主神は、丹塗矢と化して川を流れ下り三島溝咋の娘セヤダタラヒメのもとを訪れたが、その通い路である川の経路をもう少し詳しくみると、大物主神を祀る三輪山の山麓を泊瀬川（初瀬川）が流れている。西郷信綱氏の説明を参考にすると、泊瀬川は三輪山の東北の山中に発し、南流して長谷寺のかたわらを過ぎ、三輪山の南をめぐって西北に曲がり、佐保川と合流し、やがて大和川となる。大和の三輪は、ちょうどその湾岸部にあたるのでミワと呼んだ。ミワは水曲《ミワ》で、川の流れの湾曲したところをいう語である。大物主神は丹塗矢と化し、この水系を下ってセヤダタラヒメのもとに通ったのであり、大神はやはり泊瀬川を夜ごと下って行ってこの女に逢ったことになる。「ミワといえば私たちはすぐに三輪山に思い及ぶけれども、ここでは山と水は一体である」と西郷氏は述べている。そして衣の裾に刺した針の糸をたどってゆくと三輪山の神の社に止まっていたとあるのは、「実は縷《いとすじ》のごとき河の流れを象徴している」と考えるべきだという（『古事記注釈』第三巻、一九〇－一頁）。

三輪の地名が初瀬川の湾曲した流れに由来することは、地名伝承学が専門の池田末則氏によっても示唆されている。池田氏によると、「ミワは三輪山（三諸山）のヤマモトの初瀬川曲流する水垣（「崇神紀」の宮名）の地域」だという（『地名伝承論』、二七〇頁）。これは三輪という地名が初瀬川の湾曲した流れと深いかかわりのなかから生まれたことを推測させるもので、三輪山のミワはやはり水曲（ミワ）とするのが妥当であろう。

『古事記』の三輪山伝説では、麻糸が巻子に三勾だけ残ったことから美和（三輪）の地名が発生したとされるが、これはどうやら後世の付会のようである。地名語源にも歴史があるから、ひとつの語源だけで判断するのは危険である。

また一方では、大物主神は酒の神とも言われ、このことからミワ（美和）の語源には酒がかかわっているという説もある。たしかに『和名抄』には「神酒　和語云美和」とあり、ミワ（美和）は酒を意味する古語であった。のちには酒だけでなく、酒を盛る容器をもミワと称するようになったようである。酒は液体であるから、それを入れる容器と酒は一体とみなされ、そのために同じ名称で呼ばれるようになったのだろう。三輪山に鎮座する大物主神は雷神であるとともに酒の神でもあり、このことからミワ（美和・三輪）の地名が発生したとされる。

しかし後述するように、大物主神はもともと三輪山に鎮座していたわけではない。繰り返すようだが、地名語源には歴史があり、大物主神が三輪山に鎮座する以前にさかのぼれば、水辺のミワ（水曲）に地名語源を求めることができるだろう。大物主神が川を流れ下り三島溝咋の娘セヤダタラヒメのもとを訪れるという伝説の背景を考えれば、水系と山との密接な関係は無視できないし、とくに三輪山の神は雷神であり、雷神は雨や水をつかさどる神だから、雷神が水の流れに乗って川を下り、山麓の女のもとに通い子を孕ませるのは、話の展開からいってもごく自然に理解できる。山をうしはく山の神は水の神でもあり、「山と水は一体」と考えるべきだろう。

衣の裾に刺した針の糸筋は山麓から山中にある神の社まで伸びていた。その糸筋は、西郷信綱氏がいみじくも指摘するように、山中に発する川の流れの象徴であり、その意味では、三輪山伝説は丹塗矢伝説の一変種とみることができる。すると丹塗矢伝説と同じく三輪山伝説でも、大物主神は川を流れ下りセヤダタラヒメのもとに通っていたわけで、川は神霊や魂の通い路であることがここでもあらためて確認できるのである。

大物主神について

大物主神はもともと常世国からやってきた神のようで、それが三輪山に鎮座するに至った経緯は大国主神の国作りの話が明らかにしている。大国主神ははじめスクナビコナノカミの協力を得て国作りをはじめたが、道半ばでスクナビコナは常世の国に帰ってしまった。ひとり残された大国主神が困っていると、「是の時に海を光《てら》して依《よ》り來《く》る神ありき」と『古事記』が語るように、海を照らして近寄ってくる神があった。この神が大物主神で、スクナビコナノカミにかわって大国主神と国作りをする。「海を光して依り來る」とあることから、大物主神もまたスクナビコナと同じく海の彼方にある常世の国からやってきたことをうかがわせる。そのあとの話は『日本書紀』第八段（一書第六）が比較的詳しいので、それにしたがうと、大物主神は「吾是汝が幸魂奇魂《さきみたまくしみたま》なり」と言ったとある。大物主神は大国主神の幸魂奇魂だという。幸魂奇魂とは、幸いをもたらす不可思議な威力を帯びた魂というほどの意味である。

幸魂奇魂については池田源太氏がさらに詳しい解釈を試みている。それによると、大物主神は「大国主神の映像《ダブル》(double)としての魂」だとして、これに近いものに古代ローマのゲニウス(Geniusu)がある。ゲニウスは人が誕生すると同時に生まれ、その人とともに暮らし、生涯を影のごとくその人を護る精霊と信じられたという(「大神神社の鎮座」)。池田氏は幸魂奇魂を「大国主神の映像としての魂」だとし、大国主を影のように守護する精霊のような存在とみている。大物主神が霊的な存在であることはたしかで、それを池田氏は「映像としての魂」だという。

「映像としての魂」を私なりに言い換えれば、「魂の影」と呼ぶこともできるだろう。『和名抄』は霊を「美太万《みたま》」とも「美加介《みかげ》」とも訓じ、また魂魄の二字を用いるともいう。要するに魂と影は同義とされ、もともと同じとみられていたようである。しいて言えば、影は魂が目に見える姿で現れたものをいったのだろう。魂と影の関係については折口信夫の説が参考になる。折口は「小栗外伝」のなかで、魂はそれ自体が人の姿をもつことがあったと言い、「本人の身と寸分違わぬ形を表すものとする。実体のない魂の影である」と述べている(『折口信夫全集』第二巻、三五九頁)。魂は肉体の中に収まっていて、通常は目に見えないが、ときに目に見える姿形をとることがある。それが魂の影である。魂は影としてあらわれることがあり、魂の仮の姿といってもいい。

幸魂奇魂を魂の影とみれば、大物主神と大国主神との関係もかなりわかりやすくなるはずである。大物主神は大国主神の魂の影として国作りに協力するのである。『日本書紀』第八段(一書第六)には「大國主神《おほくにぬしのかみ》、亦《また》の名《みな》は大物主神《おほものぬしのかみ》、亦は國作大己貴命《くにつくりのおほあなむちのみこと》と號《まう》す」とあり、大国主神のまたの名を大物主神といい、二神は同一の神だとしている。大己貴命は大国主神の古名である。この書紀の一文は大物主神が大国主神の魂の影であるという意味にもとれるし、二神は文字通り一心同体とみることができるだろう。

そして大国主神が大物主神に、どこに住みたいとお思いですかと尋ねると、「吾は日本國《やまとのくに》の三諸山《みもろのやま》に住まむと欲ふ」

と言った。三諸山（御諸山）は前にも言ったように三輪山のことである。大物主神は三輪山に祀られ、大国主神の幸魂奇魂すなわち魂の影として国作りを完成させるのである。

大物主神は三輪山に祀られることで在地性を獲得し、国つ神になったのである。古代人は天上に高天原という世界を想定し、そこに神々が住むと考えた。高天原に対して人間の住む世界は葦原中国と呼ばれ、そこに住む神が国つ神である。大物主神は三輪山に祀られたから国つ神である。『令集解』は平安前期に編纂された養老令の注釈書だが、巻二「職員令」には、天つ神（天神）と国つ神（地祇）の代表的な神が記載されている。

天神者。伊勢。山代鴨。住吉。出雲國造斎神。等是也。地祇者。大神。大倭。葛木鴨。出雲大汝神等是。

天神は伊勢、山代の鴨、住吉。出雲の国造が斎く神等がこれである。地祇は大神、大倭、葛木の鴨、出雲大汝神等がこれであるという。山代鴨とは、『山城国風土記』逸文にある丹塗矢伝説の可茂別雷のことで、天つ神に分類されている。大神《おおみわ》は大神神社で、三輪山を神体とし、大物主神を祭神とする。こちらは国つ神（地祇）に分類されている。丹塗矢伝説に登場する雷神は天つ神、三輪山伝説の大物主神は国つ神で、このことは『令集解』の分類によっても明らかである。

大物主神は大国主神と共同で国作りをするわけだが、完成した葦原中国も最終的には大和政権に譲渡される。大物主神と大国主神による国作りとは、大和政権側からすれば国譲りのためのいわば地ならしであった。大物主神にしても、やがて高天原の秩序を受け入れ、大和政権に服するという筋書きのなかでつくられた神であって、そのことは大物主神という神名にもあらわれている。とりわけ「物」という言葉に注目すると、一般に物（モノ）とは直接口にするのをはばかる、避ける場合に使われる言葉である。大物主神のモノも同じで、自分たちが祀る神に対して外部のカミをさしていう。外部のカミは正体不明で得体が知れないからモノというのである。大物主神は大和政権側からみた外部のカミであって、具体的には鬼や悪霊のたぐいをさしているようである。「大」がつくのは大和地方一帯で広く信仰されていた在地性の強い土着のカミであったからで、西郷信綱氏は、「大モノヌシとは鬼神・悪霊の元締めの意に他ならぬ」としている（『古事記注釈』第二巻、一三四頁）。

大物主神が大和政権からみれば得体の知れぬカミであったことは、少子部栖軽の説話のなかでもそれとなく示唆されていた。大物主神は雷のようにゴロゴロと音を立て、きらきらと輝く目をもった大蛇として描かれていたし、天皇はその迫力に圧倒され殿中に隠れてしまった。

雷が子を授ける

高天原と葦原中国の話が出たついでに、天上世界と地上世界の境界はどうなっていたのか、その点にも簡単にふれておきたい。天と空を一括して天空というけれども、厳密には、天《あめ》と空《そら》は別だと中西進氏は述べている。私たちの頭上に広がる世界は何もなくて「そら」といい、さらにその遠くの天上は「あめ」と呼ばれ、古代人はここに高天原という世界を考えて、神々の住む場所と認定した（『古代日本人・心の宇宙』、一七〇頁）。地上の上に広がるのが空で、天はさらにその上にあり、そこに高天原を想定したのである。そして天上の高天原と地上の葦原中国との境界は、実は何かで仕切られていたようで、このことは天若日子《あめのわかひこ》神話が示唆している。

天孫降臨に先立ち、アマテラスは天若日子を葦原中国に派遣するが、八年たっても復命してこない。そこで鳴女《なきめ》という名の雉を遣わして、天若日子の様子を探らせる。雉は高天原から葦原中国に降り、天若日子の住む家の門前にある神聖な桂の木にとまって、天つ神の仰せの通りに伝えた。ところが天若日子は天之波士《あめのはじ》弓と天之加久《あめのかく》矢で雉を射殺してしまった。矢は雉の胸を貫き、天上の高天原にまで達し、天《あめ》の安河《やすのかわ》の河原にいたアマテラスと高木神《たかぎのかみ》のところまで届いた。高木神はその矢を取り、射上げられた穴から下界の葦原中国に投げ返すと、矢は天若日子の胸に命中した。天若日子が下界から射た矢によって高天原と葦原中国の境界に穴が開いたとあることから、天上と下界の間は筒抜けではなく、何かで仕切られていたようである。仕切りは射られた矢で穴が開くくらいだから堅固なものではなく、膜のようなものでできていたのだろう。高天原は漠然と天上にあるのではなく、天上と下界との境界は膜のようなもので仕切られていたことが想像できるのである。膜は、具体的には雲のようなものをイメージしていたのかもしれない。

すでに述べたように、『山城国風土記』逸文にある賀茂の社の縁起によれば、可茂別雷命の成人を祝う宴の席上で、命は外祖父から「お前の父と思う人にこの酒を飲ませなさい」と言われ、その場で屋根の瓦を突き破って天に昇ってしまった。ここで言う天は高天原のことで、可茂別雷命とその父である火雷神が天つ神であることはこの話からもわかる。可茂別雷命が突き破ったのは屋根の瓦だけではない。高天原と葦原中国との境界にある仕切りをも突き破って昇天したのだろう。

可茂別雷命の父である火雷神は天降って丹塗矢に姿を変え、川を流れ下り、石川の瀬見の小川で川遊びをしていた玉依日売のもとを訪れる。一方の三輪山の大物主神は国つ神で、その山中に発する川を流れ下って女のもとに通う。天つ神と国つ神の違いこそあれ、火雷神と大物主神は同じ雷神として川を通い路にしていることにかわりはなく、水系を下って女のもとに通うという構図は雨や水をつかさどる雷神としてもふさわしいといえる。このように雷神が女性を孕ませるという神話的モチーフは、わが国の丹塗矢伝説や三輪山伝説に典型的にみることができるのである。

少子部栖軽の説話については『日本書紀』に記載された話をすでに紹介した。『日本霊異記』には「雷《いかづち》を捉《とら》へし縁第一」という別伝があって、これも少子部栖軽の説話としてよく知られている。実はこの説話にも雷神が女性を孕ませるという神話的モチーフの残片が紛れ込んでいるようである。話の内容は前半が『日本書紀』とは違っていて、天皇と后が大極殿で同衾しているところを、チイサコベノスガルがそれとは知らずに御殿に参入する。天皇は恥ずかしいところを見られたので、途中で事をやめてしまった。ちょうどそのとき雷が鳴ったので、天皇は照れ隠しと腹いせのつもりで、「お前は雷を呼んでこられるか」とスガルに言った。あとの話は『日本書紀』に記載された内容とほぼ同じなので割愛するとして、興味深いのは、天皇が后と同衾しているときに雷が鳴ったことである。これは多くの専門家が指摘するように、本来は話の順序が逆で、雷鳴が先にあって、その結果として同衾という行為があったとみるべきであろう。一種の儀礼的な同衾である。この話の背後には、雷神が天降って女性を孕ませるという神話のモチーフが透けて見えるようである。かりに天皇＝雷神とみれば、話の輪郭はいっそうはっきりするはずで、雷神が女性のもとを訪れて妊娠させるという神話的モチーフの片鱗は感じられるだろう。

また少子部栖軽の説話とは別に、『日本霊異記』上巻第三が語る道場法師の説話も雷にまつわる話である。この説話については前章でも簡単にふれたが、あらためて紹介することにしよう。一人の農夫が耕作田に水を引き入れているると、にわかに雷鳴がとどろき、雷が農夫の前に落ちてきて、小さな子供の姿になった。農夫が鉄の杖で雷を突こうとすると、雷は命乞いをする。助けてくれるお礼に子を授けるという。農夫は言われるままに楠の水槽を作り、そこに水を入れ、竹の葉を浮かべて、雷が昇天するのを手伝ってやった。前章で紹介したのはここまでで、私が注目するのはこのあとの話である。雷の予言通り農夫の妻は懐妊し、生まれた子供の頭には蛇が二巻き巻きついていて、頭としっぽが後頭部に垂れさがっていた。雷の正体は蛇体であるから、生まれた子供が雷神の申し子であることを物語っている。この子供がのちの道場法師である。雷が女性を孕ませるかわりに、子を授けるという話に変化しているのはたしかで、ここに神話のモチーフが説話化されていくプロセスを垣間見ることができるように思われる。

雷鳴は男性的な挑発行為

『日本霊異記』の少子部栖軽の説話では、天皇と妃の同衾に雷鳴が関与していた。雷鳴は雷神の属性である。雷神の属性には雷鳴のほかに雨、稲妻などがあり、稲妻のイメージは矢に投影され、矢は蛇のイメージにも男根のイメージにもつながる。雷神である大物主神が丹塗矢に変身して川を流れ下り、厠で用を足していたセヤダタラヒメのホトを突き、妊娠させるのは雷神の面目躍如である。とくに矢で突くという男性的な挑発行為については、『ギリシア神話』のエロスとプシュケの話でも示唆されていた。エロスがプシュケを矢で軽く突くと、彼女は眠りから覚める。矢で突くという男性的な挑発行為によってプシュケは目覚めるのである。

男性的な挑発行為といえば、雷鳴についても同じことがいえるだろう。矢で女性を突くことが男性的な挑発行為だとすれば、雷鳴もまた音響による男性的な挑発行為である。雷鳴には遠くでゴロゴロと鳴る音もあれば、耳をつんざくような激しい音もあるが、いずれにしても男性的なイメージにかわりはない。稲妻が視覚に訴える男性的な挑発行為だとすれば、雷鳴は聴覚に訴える男性的な挑発行為ということができるだろう。この挑発行為が刺激となって、実際に男女の性愛に発展することもある。「雷の鳴った時に木の股から生まれてきた」(香川県小豆郡草壁村)という俗信などは、そのことを素朴にあらわしたものといえよう。雷鳴が懐妊を暗示し、木の股が出産を暗示していることは言うまでもない。

雷鳴と生殖の関係からいえば、孔雀も雷の音に反応して孕むと考えられていた。『和名抄』の孔雀の項には、「此鳥或以音響相接」とあり、孔雀は雷の声を聞いて交接するという。また『中外抄』にも、孔雀は「雷の声を聞きて孕むと申すは、尤も興あり。(中略)雷するに恐れなき物は三つなり。人界《にんがい》には転輪聖王《てんりんじゃうわう》、獣には師子《しし》、鳥には孔雀なり。雷と孔雀とは一つ物なり」とある。孔雀は帝王や獅子とならんで雷を恐れることがない。そればかりか雷鳴に反応して孕むとされていた。これは孔雀が雨季に生殖するという習性によるものらしく、雷が雨をもたらすことを考えれば雷と孔雀の密接な関係は理解できる。「雷と孔雀とは一つ物なり」という説明もむべなるかなである。

雷はイナツルビとも言われるように、稲の成長と豊作には欠かせない。雷は豊饒の象徴であって、雷の孕ませるという生殖力は稲や農作物にかぎらず生きとし生けるものにまで及んでいる。孔雀は雷の鳴る雨季に生殖することから、その象徴として選ばれたのであろう。人間もまた自然界の一部であり、生きとし生けるものの一員であることにかわりはなく、このことは雷神が雨や稲妻に変身して女性と交わるという神話の背景を考えるうえでも心に留めておきたい。

雷について補足しておくと、雷鳴は音響による男性的な挑発行為であり、それがきっかけで男女の性愛に発展することもある。少子部栖軽の説話にみられる天皇と妃の同衾もこの文脈のなかで語られるべき話であろう。雷が男女を結びつけるのである。この神話や説話のモチーフがさらに文学的に潤色されると色恋の話に発展する。吉村貞司氏は、「江戸時代の情話にも、雷が恋のきっかけになったと説くものが少なくない」と述べている(『吉村貞司著作集』第八巻、一八一頁)。雷鳴が機縁となって色恋の話に進展する。雷鳴には男女を結びつける触媒のようなはたらきがあるらしい。別の言い方をすれば、雷鳴という音響による男性的な挑発行為が男女の意識下で共鳴し合うとでもいえようか。

雷鳴がとどろき、一天にわかにかき曇り、やがて雨が降り出す。雨粒は一筋の糸を引きながら地上に落下する。それは太陽の光や電光と同様に「射るもの」というイメージがあり、そのことから男性原理の具体的なあらわれとみることができる。天空から降る雨は男性的な水であり、神話的には精液として体現される。とくに原始神話では、地上に降り注ぐ雨は母なる大地を孕ませる天なる父の精液とみなされる。しかし天から降る雨は男性的な水でも、この水をいったん大地が受け止めれば女性的な水に変わる。ここにも両性具有的な水の性格があらわれている。

地上に降り注いだ雨は大地に浸透し、やがて地下水になり、長い年月を経て地表に湧き出す。なかでも泉から湧き出す水はすぐれて女性的であり、具体的には羊水として体現される。地表に湧き出した水は最終的には川となって流れるが、この水ももちろん女性的であり、そればかりか川そのものがしばしば女性にたとえられる。川と女性とのアナロジーは民族を超えて普遍的であり、たとえばクラリッサ・P・エステスは、ラテンアメリカの南西部では、川は「母親、偉大な母、大きな母、偉大な女」として迎えられるといい、彼女たちの水は溝や川床を走るだけでなく、女の身体そのものから赤ん坊が生まれるようにほとばしり出てくるという。そして「川はまさに大地の股の間の甘美な裂け目」だという一女性の言葉を紹介している（『狼と駆ける女たち』、四一四頁）。川を産道、流れる川の水を羊水とみる意識が潜在的に存在するのである。

水が介入する夢

精神分析でも川や水が介入する夢はいわゆる出産夢として解釈されることが多く、フロイトは出産夢の例をいくつかあげているので紹介しよう。まずはE・ジョーンズの研究から借用したという出産夢の例である。

彼女は海の汀に立って、自分の子らしい小さな男の子がひとり、水中を歩いてくるのを眺めていた。子どもは深い所へずんずん歩いて行って、もう頭しか見えない。その頭が水の表面を上下している。（中略）羊水からの幼児分娩は、通常は逆転表現によって、子供が水の中へ入っていくことで表現される。

（『フロイト著作集』第二巻、三三一頁）

この夢のなかではいくつかの逆転現象がみられる。子供は水の中に入っていく。それから頭部が水面に浮き沈みしている。しかし夢の根底にあるのは、まず胎児が水面に浮かび上がり、それから子供が水を離れるのだという。水を羊水、水に浮かぶ子供を胎児とみれば、これは出産夢と解釈することができる。

フロイトはアブラハムの報告にも言及しているので、その報告も引用しておきたい。これは出産を間近に控えた若い一夫人の出産夢である。

部屋の中央の床の一箇所から、一条の暗渠が直接に水中に通じている（出産路ー羊水）。彼女は床の揚げ板を開く。すると直ちに、褐色がかった毛皮に包まれた、海豹によく似た生きものが姿を現す。この生き物はほどなく彼女の弟としての正体を現わした。この弟に対して彼女は昔から母親のような役割を演じていた（同前、一三一頁）。

この場合の暗渠は産道、海豹によく似た生きものは胎児で、胎児を包む褐色がかった毛皮は胞衣を意味している。海豹は水中に生息する動物で、これは胎児が羊水のなかにいることを暗示している。彼女が床の揚げ板を開くと、毛皮に包まれた海豹が姿を現わす。この夢が暗示するイメージはすこぶる具体的である。ちなみにフロイトは、「救助、ことに水中からの救助は、この夢を見る人が女性である場合は、出産の意味であり、…」と述べている（同前、一三三頁）。

夢は無意識の世界から送られてくるメッセージである。無意識には個人的無意識と集合的無意識があり、個人的無意識はもっぱら個人のコンプレックスから成り立っているとされる。フロイトは夢を個人的なコンプレックスに還元して解釈したが、これに対して、ユングは個人的無意識だけでなく集合的無意識にも着目した。集合的無意識を構成するのは基本的には元型であり、ユングの言葉を借りれば、元型は「内容のないもろもろの型式」（『元型論』、一一〇頁）であって、型式に内容をあたえるのはイメージである。元型はイメージと結びつくことで意識化される。とくに水は無意識と深くかかわっていて、水が介入する夢はしばしば出産夢として解釈される。先ほども言ったように、川と女性とのアナロジーは民族を超えて普遍的にみられるし、川は女性の元型的なイメージをあらわしていて、その意味では、川にまつわる俗信と出産夢は共通の言語で語ることも可能である。日本の俗信でも、川は産道に、流れる水は羊水に擬せられることが多いようである。『日本産育習俗資料集成』からいくつか例を拾ってみよう。

「産婦の座は水の流れと逆行しないようにした」（秋田県秋田市付近、二二三頁）
「頭を川上に、足を川下にするようにして、水の流れと平行するがよい」（栃木県那須郡、二二三頁）
「川の流れにそうようにし、頭を川上にして床を取る」（福井県吉田郡、二二八頁）
「産が始まったら流れ川の止めを払う」（山梨県南巨摩郡、二二九頁）
「分娩時に水の流れに向かってすれば難産しない」（山口県下関市ほか、二二七頁）
「川の流れにさからわないような位置」（岐阜県岐阜市、二三〇頁）

これらの俗信に共通しているのは、川を産道に、流れる水を羊水に見立て、産婦はその流れに逆らわずに出産することである。こうすれば無事に生まれるという。また福井県坂井郡三国町の例は少し変わっていて、「東枕にして西に裾を向けるようにする。これは無事に出るという意」だとされる（同前、二二八頁）。この町は西が海で昔は港町としてさかえ、船舶の出入りが多かった。西を裾にするのは出船にあやかったものだという。船は子宮や母胎の象徴であるから、出船（出港）のイメージが分娩のイメージに重なり、このような俗信が生まれたのだろう。

これらの俗信からまず受ける印象は、川がとても身近に感じられることではないだろうか。これは川の近くに産室が設けられていたことを推測させるもので、俗信が生まれる背景を考えるうえでも留意すべきである。川が身近にあればこそ、このような俗信が生まれるわけで、おそらく産婦は川のせせらぎの音を聞きながら、産婆をはじめ姑や先輩の女性たちからこのような俗信を聞かされて出産に臨んだのであろう。俗信が生まれる背景について、さらに詳しく検討してみることにしよう。

水辺で出産する

昔は家の中ではなく戸外に産屋を設け、そこでお産をするのがならわしであった。産屋は恒久的な建物ではなく、用がすめばただちに壊すか燃やしてしまう仮設の建物である。民家と違って古い産屋が残されていないのはそのためである。しかし明治時代になると村の共同施設として産屋を建てることが多くなり、そのため現在でも保存されている例がある。たとえば京都府天田郡三和町大原には古い産屋が残されている。産屋は集落の横を流れる川合川という川の対岸の水田のなかにあり、昔は妊婦が産気づくと、川に臨時の仮橋を架け、夫が先導して産屋に連れて行った。仮橋といっても梯子の上に板をのせただけの簡単なもので、食事は家で料理したものをこの橋を渡って運んだという（高取正男『神道の成立』、二四ー五頁）。

これは川辺に建つ産屋である。産屋はこの世にあってこの世ならざる世界、つまり内なる異界であり、川がその境界に見立てられる。川をはさんで現世と異界が対峙する構図である。おそらく山里では川辺に産屋を建てる習慣が一般的であったのだろう。三和町大原の産屋はそのことを示唆しているようである。

赤子の誕生は魂のこの世での再生であり、出産は魂をあの世から迎える一種の神事であった。川辺に産屋を建てるのは、赤子の魂は境界である川を通い路にしてやってくると信じられたからだろう。丹塗矢伝説や三輪山伝説では、川は神霊の通い路とみなされたが、同じように赤子の魂もまた川の水が運んでくると考えられたにちがいない。産屋は川辺に建てるのが一般的であったとすると、先ほどあげた出産にまつわる俗信の背景もだいぶ理解しやすくなる。いま紹介した産屋の例では、妊婦は川に渡された仮橋を渡って産屋に入り、出産に臨む。陣痛の痛みに耐えながらも、妊婦の耳には、すぐそばを流れる川のせせらぎの音が聞こえたはずである。妊婦は内部に水をかかえた存在であり、その内部の水すなわち羊水と川の水が共鳴し合い、あたかも自分の身体が川と一体になったような感覚をおぼえたのではないだろうか。妊婦は川と一体となり赤子を産み落とすのであって、ここに女性と川とのアナロジーが成立する原風景があるように思われる。

産屋の歴史をさらにさかのぼると、川辺ではなく海辺に産屋を建てる風習があったようである。谷川健一氏が敦賀湾に面した常宮《じょうぐう》という海村で見かけた産屋はその名残ではないかと思われる。谷川氏によると、現在の産屋は民家の敷地内にあるが、もとは産屋のすぐ近くまで海岸がせまり、渚の波が打ち寄せていたというから、これは海辺に建つ産屋である(『常世論』、六五頁)。かつて海辺の渚の近くに産屋を建ててお産をする習慣があったらしい。海辺も川と同様に境界であり、海の彼方には常世の国がある。すでにふれたように、日本の神話でもトヨタマビメは海辺の渚に産屋を建ててウガヤフキアヘズノミコトを生んだとされる。これはたんなる神話にとどまらず、古代に行われていた産屋の風習を反映したものだと考えられる。海辺の近くに産屋を建てるのは常世信仰の名残であって、赤子の魂は海波に乗って常世からやってくるという信仰がその背景にある。

そして時代がさがり、海から遠く離れた山里でも産屋が建てられるようになると、産屋は川のそばに設けられるようになった。先に紹介した京都府天田郡三和町大原の産屋はその一例である。海辺も川辺も水辺であることにかわりはなく、いずれにしても魂は水を媒介にしてこの世にやってくるのである。

海外に目を向けると、やはり水辺で出産する例は枚挙にいとまがないようである。フレイザーによると、ニューギニア北部のカイ人の間では、妊婦は陣痛がはじまると、すぐに村を離れて森林の水辺に行き、そこで出産するのだという(『金枝篇－呪術と宗教の研究3』、三八二頁)。またニュージーランドのマオリ族の婦人も、「流れの傍らや叢林のなかで子を産む」とエリアーデは述べている(『大地・農耕・女性』、九二頁)。出産が水辺で行われるのは、赤子の魂は水が運んでくるという信仰が背景にあるからだろう。さらにエリアーデは、今日のヨーロッパでは、「赤ん坊は淵から、泉から、川から、木からやってくる、などと信じている人々がいる」とも言う(同前、八六頁)。正確に言えば、淵、泉、川からやってくるのは赤ん坊自身ではなく、その魂であろう。樹木が魂を媒介することはすでにふれたとおりで、樹木のほかに水もまた赤子の魂を運んでくるのであって、この信仰は日本にかぎらず世界的にみられるのである。

アイヌ民族も赤子の魂は川をつたって流れてくると信じていた。松居友氏が千歳アイヌの老女から聞いた話を紹介すると、アイヌではカムイモシリと呼ばれる神の国は東にあり、「この世に生まれる魂は東から天界に昇り、やがて高い山や大樹の上におり川をつたって里にくだってきて体内に宿ると考えられた」(『沖縄の宇宙像』、一一九頁)。アイヌでは赤子の魂は神としてとらえられている点に特徴があるという。これはおそらく赤子の魂が神の管理下にあるという意味であろう。一般に「七歳までは神の内」と言われるように、赤子の魂は神の管理下に置かれている。別の言い方をすれば、赤子の生殺与奪の権を握っているのは神であり、そのことから赤子の魂を神とみているのだろう。いずれにしても赤子の魂は川をつたって流れてくるとアイヌ民族は考えているのである。赤子の魂を媒介するのは水であり、これは世界各地の民族に共通してみられる信仰である。

人の誕生は魂のこの世での再生である。魂はこの世に再生するとき水をくぐらなければならない。赤子が生まれると産湯をつかうのは、それを象徴的にあらわしたものにほかならない。キリスト教の洗礼の儀式なども、基本的には産湯の儀礼と同じである。ユングによると、洗礼盤は産室に相当し、「これは養魚池、つまりいけすであって、人間はあたかも小さな魚のようにいけすの中に入り、そこで象徴的に溺死し、そしてまた生まれる」のである。初代キリスト教の教徒たちは実際に洗礼盤に身を投じていたのだという(『分析心理学』、二五五頁)。キリスト教の洗礼の儀式は人間の誕生を象徴的に再現したもので、魂の死と再生を意味している。産湯の儀礼に似ているのはそのためである。

水をくぐり抜ける魂

現世と他界の間には水域が広がっていて、赤子の魂は川の水を媒介にしてこの世にやってくる。逆に死者の魂があの世に旅立つときにも同じような手続きとることになる。古代ケルトの信仰でも、他界は水をへだてた彼岸にあると信じられた。たとえばブルターニュの民話には、死者の魂は夜、舟に乗せられて彼岸の島に渡る話が多いという（中木康夫『騎士と妖精』、一三三頁）。

死者の魂は水を越えて彼岸に渡る。そして赤子の魂は水を越えて現世に戻ってくる。魂は水域を越えて現世と他界を往還するのである。水域を越える乗り物は船であり、とくに日本では、常世信仰がさかんであったころは現世と他界を往還するのに船は欠かせなかった。スクナビコナノカミが天の羅摩船に乗って常世からやってきたことはすでにふれた。古くは神霊や魂が水域を航行する交通手段は船であった。

死者の魂が他界へ旅立つときにも船に乗せられたことは、舟葬《しゅうそう》という古代の葬送儀礼が明らかにしている。舟葬はすでに弥生時代に行われていたようで、たとえば辰巳和弘氏の説明では、弥生時代末期の金谷一号墓（京都府峰山町）で検出された一六基の木棺うち、中央の一号木棺をはじめ六基が船形であった。古墳時代に入ると舟葬観念に裏打ちされた事例が各地でみられるようになる。古墳時代中期から後期の房総半島や三浦半島では、海岸洞穴に丸木舟形の木棺を納置して葬送空間とする例があり、なかでも大寺山一号洞穴（千葉県館山市）では、一二基にのぼる船形木棺のすべてが舳先を海に向けた状態で検出されたという（『古墳の思想』、三七頁）。千葉県館山市の事例などは、いままさに船出しようとする状態で死者が安置されていることを示している。船が目指すのは海上はるか彼方にある常世であり、死者の魂は船に乗って常世に旅立つと信じられていたようである。

船は魂を他界へいざなう交通手段であり、これは古墳の壁に描かれた壁画からも裏付けることができる。福岡県吉井町の鳥船塚古墳や珍敷塚《めずらしづか》古墳、大阪府柏原市の高井田横穴群などには鳥船が描かれていて、なかでも興味深いのは、船上には大きくひるがえる旗がみられることで、辰巳氏はこれを「霊魂の動きを象徴」するものだと述べている（同前、三六頁）。旗は領布《ひれ》の一種で、風を受けてひらひらとはためくことから魂が宿ると信じられた。旗には招魂のはたらきがあり、これは鳥船の場合も例外ではなく、死者の魂を旗に依りつかせ、それを常世まで送り届けるという意図があったのだろう。

舟葬の伝統は今でも生きている。盆行事の一環として各地で行われている燈籠流しなどは舟葬の名残ではないかと思われる。オガラや麦わらでつくった小さな舟にロウソクを立て、供物と一緒に川や海に流す。こうして祖霊を送るのである。舟は波間を漂いながら祖霊の住むとされる他界へ帰っていくと信じられている。そんな漠然とした思いをミニチュアの舟に託して押し流すのである。それはかつて私たちの祖先が死者の魂を他界へ向けて送り出した舟葬の儀礼とも重なり、ここに古い常世信仰の面影をしのぶことができそうである。

『ギリシア神話』でも死者の魂は船に乗って他界へ旅立つと考えられた。死者の魂は渡し守カロンの船に乗ってステュクスを流れ、アケロンの沼を渡る。ステュクスとオケアヌスの合流するところにハデス（冥府）があり、ここで死者は「忘却の泉」と「記憶の泉」でそれぞれの水を飲まなければならない。「記憶の水は死者の魂に神々と再び関係を結ばせるためのものであり、忘却の水は地上の生活のあらゆる記憶を失わせる役割を果たす」のだという（アンヌ・ドゥクロス『水の世界』、一五三頁）。記憶の水と忘却の水は、魂の死と再生にかかわっていて、魂をあの世に再生させるための手続きであることがわかる。

ステュクスの流れに相当するのは、わが国の仏教でいう三途の川である。死者の魂は三途の川を越えて冥界にいたるとされる。死者の魂があの世に再生するには水を通り抜けなければならない。それを象徴的にあらわしたのが三途の川である。三途の川はこの世とあの世を隔てる境界の川であり、死者の魂はこの川を渡ってあの世に再生する。川の水は死と再生の水であり、三途の川のほかにも、死者の葬送には水にまつわる儀礼が多くみられる。この場合の水も魂の死と再生にかかわっているようである。たとえば「死に水を取る」といって、死ぬ間際に唇を湿らせるけれども、この記号化された儀礼には死者の魂のあの世での再生という意味がこめられているのだろう。また近親者が死体を沐浴させるユカン（湯灌）、死者の着物や夜具を洗うミズカケギモノ（水かけ着物）なども、死者の魂をあの世に再生させるための手続きではないかと思われる。とくに着物には本人の魂が付着しているから、着物に水をかけるのは、魂のあの世での再生という象徴的な意味があるのだろう。正確にいえば、水は着物にかけるのではなく、そこに付着した魂にかけるのであって、魂をあの世に送ると同時に再生させるための象徴的な儀礼と考えられる。

出産で亡くなった産婦を供養するために行う「流れ潅頂《かんじょう》」なども、これと同類の儀礼とみることができる。川辺に四本の竹を立てて、経文などを書いた赤い布を張り、通行人に柄杓で水をかけてもらう。経文の文字が消えるか、赤い布の色が褪せるかすれば成仏したとみなされる。この布は死亡した産婦の魂の象徴であって、それが水にさらされることであの世に再生をはたすのである。

いずれにしても魂を再生させるには水が不可欠であり、死者の魂は水をくぐってあの世に再生するのである。死者の葬送に水にまつわる儀礼が多いのも、要は死者の魂をあの世に再生させるためだと考えられる。

水は死と再生には欠かせない始原的な要素である。水の中にもぐるのは「死」を意味し、水の中から浮かび上がるのは「再生」を意味している。エリアーデは、「水中に沈むことは無形態への退行であり、存在以前の無分の状態への回帰であり、水没は形態の分解を意味するのである。水のシンボリズムが死と再生とを同時に含みこんでいる理由もここにある。水に触れることはいつも復活を意味している」と述べている（『イメージとシンボル』、一九五－六頁）。水が象徴的にみて死と生という相反する要素を含みもつのも、水の両義的な性質の具体的なあらわれにほかならない。

現世と他界の間になぜ水域が広がっているのか、その理由もおのずから明らかになる。それは魂の死と再生のためであり、魂は現世と他界を往還しながら死と再生を繰り返しているのである。

「みずこ」の意味

かつて沖縄では家の背や軒下に埋葬する風習があったようだが、これと同じような風習は中世のヨーロッパにもあって、巡礼者が行路死した場合は境界の軒下に埋葬したという。これは井本英一氏が『習俗の始原をたずねて』のなかで述べている。さらに井本氏は、「雨樋をつけない古い建築では、雨水は軒下に落ちてそこを湿らせたが、天水である雨水は生命の水として、死者を再生させるものとして尊ばれた」ともいう(一六七頁)。

民家の軒下は境界とされている。屋根に雨樋をつけない昔の民家では、雨が降れば軒下は屋根から雨水がしたたり落ちて小さな川のようになる。現世と他界を隔てるのは川であり、したがって軒下は三途の川のいわばミニチュア版といったところで、軒下に死者を埋葬するのは、その魂をあの世に再生させるという象徴的な意味がこめられているようである。魂は水をくぐってあの世に再生するのである。

肉体は消滅するが、魂は不滅である。魂は水にもぐって死と再生を繰り返す。死と再生が許されているのは魂だけであり、ここに水と魂との深いかかわりをみることができる。水は無形態でカオスをあらわし、水の中からすくい上げるのは秩序への移行であり、産湯の儀礼の始原的な意味もそこにあると考えられる。魂を水の中からすくい上げるのは水を操る巫女であり、彼女がのちの洗濯女すなわち産婆につながる。水の中から取り上げるのは肉体というよりも魂であり、したがって赤子を産湯につかわせるのは、魂を取り上げる象徴的な行為ということができる。産婆の前身は巫女であり、産婆は水を操る女性として赤子の魂を水の中からすくい上げ、取り上げるのである。

赤子のことを「みずこ」とか「みずっこ」などという。とくに生まれて間もない赤子をいう場合が多く、これも赤子と水との深いかかわりを示す言葉ではないだろうか。赤子の魂は水を媒介にしてこの世にやってくる。魂を水の中からすくい上げ、取り上げることで、魂はこの世に再生をはたす。赤子を産湯につかわせるのは、それを視覚的にあらわしたものであり、ここに産湯の儀礼の始原的な意味がある。

赤子を「みずこ」というのもこのことと関係があって、赤子の魂は水をくぐってこの世に再生することからそう呼ばれるのだろう。「みずこ」は「水子」で、文字通り水から生まれた子という意味ではないだろうか。「みずこ」のほかに「みどりご」ともいう。『和名抄』の嬰児の項には「一云嬰孩児　美止利古」とあり、嬰児をミドリゴともよませている。「みどりご」については『字訓』の説明も参考になる。それによると、「みどり」はもともと色の名ではなく、若葉の「みづみづし」に由来するとあり、それがのちに緑の色になったのだという（七二五頁）。嬰児を「みどりご」というのはその名残らしい。若い女性のみずみずしい髪を「みどりの黒髪」というのも理屈は同じで、老人のぱさついた髪に対して、水分をたっぷり含んだ艶のある髪をいう。

みどりは若葉のみずみずしさに元来の意味があり、それがのちに若葉の色そのものを意味するようになった。今日、「みどり」といえば色の緑を思い浮かべるのはそのためである。「みどりご」の「みどり」が色ではなく、みずみずしい若葉に由来するとして、そのイメージは若葉の浅葱色がこれに近いらしい。生まれたばかりの赤子は若葉の浅葱色のようにみずみずしいことから「みどりご」と呼ばれるのである。若葉が水をたっぷり含んでいることは、落葉寸前の赤や黄白色に色づいた葉と比較してみれば一目瞭然である。若葉はちょうど羽化した直後のセミの透き通るような薄い水色にも似ている。赤子の肌もまた透き通るようにみずみずしく、それはまさに羽化したばかりのセミのようである。島根県の益田市や浜田市では、脱皮した直後の柔らかい蟹や蝦を「みずこ」という（『日本方言辞典』下巻、二三一〇頁）。これもみずみずしいことからそう呼ぶのであろう。羽化したばかりのセミ、脱皮したばかりの蟹や蝦はいずれもみずみずしく、生まれたばかりの赤子を「みずこ」というのも同じ発想からきているのだろう。

「みずこ」にしろ「みどりご」にしろ、いずれも水とのかかわりのなかから生まれた言葉である。「みずこ」は赤子がみずみずしいことからそう呼ばれるのだと一般には説明されるが、この巷間に流布した説にも一理ある。私は以前に「みずこ」の意味について述べたさい、この通説は理につきすぎるとして疑問を呈したことがある。しかしいま検討したように、「みずこ」は水子で、水から生まれた子という意味であり、「みどりご」も赤子のみずみずしさに由来する言葉である。私は前言を訂正するとともに、「みずこ」「みどりご」という言葉を紡ぎ出した先人の深慮にあらためて敬意を表したいと思う。

「水子供養」などと言うように、流産したり堕胎したりした胎児も水子といわれる。水子は水から生まれた子という意味であり、この場合はふたたび水に還すことから、とくにそう呼ばれるのだろう。水から生まれた子をあらためて水に還すから水子である。すでにみたように、昔は流産したり間引いたりした嬰児はコモや桟俵に包んで川や海に流した。赤子の魂が川や海を通い路にしてあの世からやってくるように、この世に生を受けることなく闇に葬られた嬰児の魂もまた同じルートをたどってあの世に帰っていくと信じられたのである。

魂を運ぶ水

この世とあの世は水域によって隔てられ、赤子の魂は水を媒介にしてこの世にやってくる。魂はどちらかというと抽象的でつかみどころがない。次に紹介するミクロネシアの人類創世神話では生命の誕生に水が介入するけれども、水が媒介するのは魂ではなく小動物である。まずルクという神が大地をつくり、樹を植え付けたあとで、自分の娘のリゴアププを地上に降ろした。地上に降り立ったリゴアププはとても喉が渇いたので、樹の洞《うろ》にたまっていた水を飲んだ。水の中に小さな動物が入っていたが、彼女はそれに気づかずに水と一緒に飲み下した。すると間もなく身重になって、一人の女の子を産んだ。女の子が大きくなり、一人の娘ができて、その娘がまた一人の男の子を産んだ。男の子が大きくなると、その脇腹の骨の一本から男ができて、その男がリゴアプブと夫婦になって、この二人が人間の祖先になったという(『メラネシア・ミクロネシアの神話伝説』、二四六頁)。

大地に植え付けた樹が人間誕生の機縁になっているから、これは広い意味では樹木から人間が誕生する人類起源神話に含まれるだろう。とはいえ人間誕生の直接のきっかけは樹の洞にたまった水と、その中に入っていた小動物であるから、水のはたす役割は看過できない。ルクの娘がこの水と一緒に小動物を飲み込むとやがて懐妊する。小動物は胎内で人間に成長したと考えられる。この小動物は魂の原形とでもいえるもので、魂という概念が生まれる以前の素朴な考え方を示している。魂ならぬ小動物を仲介するのは水であり、これも水が魂を運んでくるという信仰の一変種といえるだろう。

マリノフスキーが現地調査したニューギニアのトロブリアンド諸島の原住民に伝わる再生説話も興味深い。女性の体内に入るべく霊魂はすでに胎児の形をしていて、それを媒介するのは海水である。再生前の胎児は霊児と呼ばれ、海辺に沐浴にきた女の体内に入る機会をうかがっている。霊児たちは流木、浮垢、葉、枝、あるいは海底の小石などに付着していると考えられた。凪や潮などによって多くの堆積物が海辺にたまると、少女たちは妊娠するのを恐れて水に入らない。逆に子供ができない女性は木製の容器などに海水を満たし、家の前に夜通し置いておく。これは霊児を容器の中にとらえ、夜のうちに女性の体内に侵入する機会をつくるためだとされる(『未開人の性生活』、一三六頁)。

赤子の誕生は魂のこの世での再生であり、この神話が再生説話と呼ばれるゆえんである。女性が妊娠するのは魂が体内に侵入したときで、その魂が成長して胎児になり、やがて赤子として誕生する。これが原始人や古代人にみられる一般的な考え方だが、いま紹介したトロブリアンド諸島の原住民の場合は少し違っている。女性の体内に侵入するのはすでに胎児の形をした霊児である。霊児は海辺に漂う流木、浮垢、葉、枝などに付着していて、沐浴にきた女性の体内に入ろうと機会をうかがっている。霊児は魂が成長したものと考えられるから、赤子の魂を運んでくるのはやはり水（海水）ということになる。子宝にめぐまれない女性が海水を満たした木製の容器を家の前に夜通し置いておくのは、海水によって霊児をおびき寄せる呪術である。ここでも水が魂を媒介すると信じられているのである。蛇足になるが、木製の容器は母胎の象徴であり、満たされた海水は羊水の象徴である。

赤子の魂は水を媒介にしてこの世にやってくるという考えは普遍的にみられるようである。具体的には、魂を運んでくるのは周囲を海に囲まれた島嶼であれば海水、内陸の山間部であれば川の水をはじめ泉や井戸の水であり、いずれにしろ魂を媒介するのは水であることにかわりはない。

日本でも赤子の魂は川を通い路にしてこの世にやってくる。これは昔話やお伽噺の世界でも同じことで、「桃太郎」や「瓜子姫」の昔話では桃や瓜が川を流れ下ってくる。桃や瓜には赤子の魂が入っている。桃や瓜が川を流れ下ってくるのは、赤子の魂が川を通い路にしてあの世からやってくるという伝統的な生命観がその背景にあるわけで、昔話とはいえ、まったく根拠のない話ではない。本書の冒頭でふれたように、「お前はうちの子ではない、川から流れてきたのを拾ってやったのだぞ」「橋の下から拾ってきたのだぞ」という口碑は全国津々浦々に分布する。これらの口碑も「桃太郎」や「瓜子姫」の昔話と無関係ではなく、赤子の魂は川を通い路にしてこの世にやってくるという古い日本人の記憶がかたちを変えて伝えられてきたものと思われる。正確に言えば、川を流れてくるのは赤子自身ではなくその魂だが、それがいつしか子供を漂流物扱いする共同幻想へと発展したらしい。

あとがき

古い生命観によれば、赤子の魂は他界からやってくる。そのさい魂を媒介するのが樹木であり水である。樹木や水には魂を媒介するはたらきがあり、そのことを明らかにするのが本書の目的である。最初の手がかりとして私が注目したのは、全国に分布する出産や育児にまつわる俗信である。とくに「お前はうちの子ではない、川から流れてきたのを拾ってやったのだぞ」という口碑は日本人にはなじみが深く、私も幼い頃、母親から同じようなことを言われて大きなショックを受けた経験がある。

赤子が川から流れてくるという俗信とは別に「木の股から生まれた」という一風変わった口碑もある。この口碑については、その歴史の古さを思わずにはいられない。おそらく読者諸賢も同じような印象をもたれたことであろう。

樹木は地上と地下の接点に位置することから境界とされる。地下には他界があり、樹木は他界への参入口であり、赤子の魂は地下に想定された他界から樹木をつたって幹の中に入り込み、地上世界にやってくると考えられた。幹を母胎とし、そこに宿った魂が赤子としてこの世に誕生する。これが「木の股から生まれた」という口碑の意味である。幹が母胎で、木の股が女性のシンボルに擬せられているのはいうまでもない。また、この口碑には人間は木から生まれたとする人類創世神話の名残が感じられるし、樹木と人間の間には生命の交流があるという古い信仰も見え隠れしている。歴史の古さを感じるのはそのためである。

木の下でお産をする話が世界各地に伝わっている。これも樹木が魂を媒介する古い信仰に由来するわけで、木には子を孕ませる呪力があるとする信仰もこの延長線上で考えることができる。不妊の女がリンゴの木の下を転げまわると妊娠する、石女がリンゴを食べると妊娠するなどといわれる。リンゴは樹木だけでなくその果実にも女性を孕ませる呪力があって、とくにヨーロッパではアダムとエヴァの寓話以来、リンゴは性的な意味を強く帯びるようになった。木の下でお産をする話がある一方では、水辺でお産をする話もある。これは水が赤子の魂を運んでくるという信仰にもとづいている。「赤子はコウノトリが運んでくる」という北ヨーロッパの言い伝えも水と関係がある。正確に言えば、コウノトリが運んでくるのは赤子自身ではなくその魂であり、しかも沼や池などから拾い上げて母親のもとに届けるのである。だからこの言い伝えも、水辺で出産する話の一変種ということができるだろう。日本の古い産屋は川辺に建てられた。川が赤子の魂の通い路とみられていたのである。産屋は内なる異界であり。この場合の川には、現世と他界を隔てる境界という意味がある。現世と他界の間には水域が広がっているという考えは普遍的であり、したがって、魂が水によって運ばれてくるのもごく自然に理解できる。これも水の境界的というか、両義的な性質を反映したものにほかならない。

水は流動的で形が定まらず、それゆえに両義的な性質を帯びている。とくに死と再生には欠かせない始原的な要素である。水は無形態でカオスをあらわし、水の中からすくい上げるのは秩序への移行であり、この水の両義的な性質を利用したのが、いわゆる産湯の儀礼である。産湯の儀礼については本文でも詳しく論じたが、少し補足をしておきたい。

生まれたばかりの赤子は産湯をつかうことでこの世に再生する。そのために赤子は水で洗われるのである。産湯には汚穢にまみれた赤子のからだを洗うという実際的な効用もある。しかしそれだけにとどまらず、魂の再生という象徴的な意味もある。産湯をつかわせるのは産婆であり、かつて行われていた産湯の儀礼では、産婆は盥の中に両足を入れ、その足の間に赤子を挟んで産湯をつかわせた。この産婆のいささかな奇妙な所作は、今日の産湯の作法ともずいぶんかけ離れているし、かりに汚穢を洗い流すだけなら、こんな奇妙な姿態をとることもないはずである。

産湯の儀礼にはカミの御蔭（ミアレ）の儀式が反映されている。ミアレとは神が出現するという意味で、巫女が川の流れの中に身を浸してカミを水中からすくい上げることで具体的に示される。貴人の産湯の作法はこのカミの出現をなぞったもので、それを世俗化したのが民間で行われている産湯の儀礼である。産湯の儀礼の原形はカミの御蔭にあり、産婆に巫女の面影をみることができる。産婆は魂の管理者として出産の場に立ち会うのであって、産婆の役割をひとことで言えば、魂を取り上げることだといえる。

赤子の魂は水に運ばれてこの世にやってくる。そして最終的には産湯の中から取り上げられて、この世に再生する。赤子の誕生は魂の再生であり、産湯の作法は、そのことを記号化したもので、産婆の奇妙な姿態もそう考えることで謎が解ける。赤子の魂はこの世とあの世の間に横たわる水域を越えてこの世にやってくる。赤子は川を流れてくるという俗信も、本来からいえば、魂が流れてくるのであり、それがいつの頃からか赤子自身が流れてくると言い伝えられてきたらしい。ともかく、赤子が川を流れてくるという俗信も、「木の股から生まれた」という口碑も、赤子の魂は水や樹木を媒介にしてやってくるという古い信仰が背景にあり、それが断片的なかたちで今に伝わっているのである。その古い信仰は日本にかぎらず世界の民族にもみられる。木がお産を助けるという俗信、「赤子はコウノトリが運んでくる」という言い伝えなども同様で、表現の違いこそあれ、同じ文脈のなかで語られるべき話である。

末筆ながら、恩師の栗田勇先生、藤井博巳先生（芝浦工業大学名誉教授）には日頃からお世話になっている。私は両先生とお会いしたり、電話でお話をうかがったりするのを楽しみにしている。そのさい、数々の助言はもとより、最新の学問の動向などもご教示していただいたりする。両先生には、この場を借りて感謝の意を表したいと思う。

このたびの上梓にあたっては、雄山閣編集部の羽佐田真一氏、安齋利晃氏のお世話になった。編集を担当された安齋氏のご尽力で編集作業が順調に進んだことを感謝している。羽佐田氏、安齋氏に心から厚くお礼を申し上げる次第である。

二〇一四年　弥生

狩野　敏次

参考文献（原則として、古典籍類は除く）

第一章

大藤ゆき『児やらい』、岩崎美術社、一九六八

桂井和雄『土佐民俗記』、海外引揚者高知県更生連盟、一九四八

和田萃『日本古代の儀礼と祭祀・信仰』下、塙書房、一九九五

武内徹『お前はうちの子ではない橋の下から拾ってきた子だ』、星和書店、一九九九

千葉徳爾・大津忠男『間引きと水子』、農山村文化協会、一九八三

『日本方言大辞典』下巻、小学館、一九八九

『日本昔話大成』四、角川書店、一九七一

佐藤義則編『羽前小国昔話集』、岩崎美術社、一九七四

山本節『神話の海』、大修館書店、一九九四

ゲザ・ローハイム『龍の中の燃える火』、新曜社、二〇〇五

戸川安章『修験道と民俗』、岩崎美術社、一九七二

狩野敏次『昔話にみる山の霊力』、雄山閣、二〇〇七

柳田国男『神樹篇』（『定本柳田國男集』第一一巻、筑摩書房、一九六三）

溝口睦子「ヤクシーと木俣神」（『十文字国文』創刊号、一九九五）

オウィディウス『変身物語』、岩波書店、二〇〇九

マンフレート・ルルカー『シンボルとしての樹木』、法政大学出版局、一九九四

西郷信綱『古代人と死』、平凡社、一九九九
村武精一「神話と共同体の発生―沖縄の祭祀と神話」（『国文学 解釈と鑑賞』、一九七七・一〇月）
エリアーデ『大地・農耕・女性』、未来社、一九六八
C・G・ユング『変容の象徴』上、筑摩書房、一九九二
マルセル・グリオール『水の神―ドゴン族の神話的世界』、せりか書房、一九九七
笹本正治「辻についての一考察」（『信濃』第三四巻第九号、一九八二）
紙村徹「古代中国の霊魂観―ニューギニア研究者の視点から」（アジア遊学一二八『古代世界の霊魂観』、勉誠出版、二〇〇九）
完訳クラシック『グリム童話』二、講談社、二〇〇〇
大野寿子「死者の祈りとしてのグリム童話」（アジア遊学一二八『古代世界の霊魂観』、勉誠出版、二〇〇九）
『日本伝説大系』第五巻、みずうみ書房、一九八六
マンフレート・ルルカー『シンボルのメッセージ』、法政大学出版局、二〇〇〇
柳田国男「赤子塚の話」（『定本柳田國男集』第一二巻、筑摩書房、一九六三）
恩賜財団母子愛育会『日本産育習俗資料集成』、第一法規出版、一九七五
石上堅『石の伝説』、雪華社、一九六三
『元亨釈書』、教育社新書、一九八〇

第二章

C・G・ユング『変容の象徴』下、筑摩書房、一九九二
日本古典文学大系『古事記 祝詞』、岩波書店、一九五八

日本古典文学大系『日本書紀』上、岩波書店、一九六七
金久正『奄美に生きる日本古代文化』、至言社、一九七八
白川静『文字遊心』、平凡社、一九九〇
柳田国男「赤子塚の話」、前出
池田弥三郎「鎮魂の遊び」(『日本文学の歴史』第一巻、角川書店、一九六七)
ガストン・バシュラール『水と夢』、国文社、一九六九
バーバラ・ウォーカー『神話・伝承事典』、大修館書店、一九八八
野口武徳「海上漂泊漁民の陸地定着過程」(谷川健一編『日本民俗資料集成』第三巻、三一書房、一九九二)
大藤ゆき『児やらい』、前出
フレイザー『金枝篇―呪術と宗教の研究3』、図書刊行会、二〇〇五
オウィディウス『変身物語』、前出
柳田国男編『産育習俗語彙』、図書刊行会、一九七五
河合隼雄『昔話と日本人の心』、岩波書店、一九八二
『明恵上人伝記』、講談社学術文庫、一九八〇
栗田勇『良寛』、春秋社、二〇〇五
白洲正子『明恵上人』、新潮社、一九七四
河合隼雄『明恵 夢を生きる』、京都松柏社、一九八七
西郷信綱『古代人と夢』、平凡社、一九七二
アンジェロ・ブレッヒ「ギリシアの宗教的世界観における夢の役割」(『夢と人間社会』、法政大学出版局、一九八五)

工藤健一「描かれた樹木」(『絵巻に中世を読む』、吉川弘文館、一九九五)
エレミーレ・ゾラ『元型の空間』、法政大学出版局、一九八五
『菅江真澄遊覧記』1、平凡社、一九六五
ガストン・バシュラール『水と夢』、前出
C・G・ユング『変容の象徴』上、前出
柳田国男「犬そとばの件」(『定本柳田國男集』第一三巻、筑摩書房、一九六三)
千葉徳爾『民俗学と風土論』(『千葉徳爾著作集』第一巻、東京堂出版、一九八八)
バーバラ・ウォーカー『神話・伝承事典』、前出
マンフレート・ルルカー『シンボルとしての樹木』、前出
小川直嗣『続・越左の伝説』、野島出版、一九七二
『全国昔話資料集成』二四、岩崎美術社、一九七七
柳田国男『明治大正史』(『定本柳田國男集』第二四巻、筑摩書房、一九六三)

第三章

『南方熊楠全集』第三巻、平凡社、一九七一
中瀬喜陽編『南方熊楠、独白—熊楠自身の語る年代記』、河出書房新社、一九九二
中沢新一『森のバロック』、せりか書房、一九九二
C・G・ユング『夢分析』I、人文書院、二〇〇一
『ゲルマン神話』上、青土社、一九九八

大和岩雄『十字架と渦巻』、白水社、一九九五
マンフレート・ルルカー『シンボルとしての樹木』、前出
ヘシオドス『神統記』、岩波文庫、一九八四
世界神話伝説大系二二『メラネシア・ミクロネシアの神話伝説』、名著普及会、一九八〇
エーリッヒ・ノイマン『グレート・マザー』、ナツメ社、一九八二
井本英一『神話と民俗のかたち』、東洋書林、二〇〇七
バーバラ・ウォーカー『神話・伝承事典』、前出
C・G・ユング『変容の象徴』上、前出
野村敬子編「真室川昔話集」（『全国昔話資料集成』二四、岩崎美術社、一九七七）
栗田勇『花のある暮らし』、岩波新書、二〇〇二
『日本昔話大成』三、角川書店、一九七八
ガストン・バシュラール『火の精神分析』、せりか書房、一九七八
C・G・ユング『元型論』、紀伊国屋書店、一九八二
フレイザー『金枝篇』一、岩波文庫、一九六六
松本信広『東亜民族文化論攷』、新光社、一九六八
ハンス・ビーダーマン『図説・世界シンボル事典』、八坂書房、二〇〇〇
岡田精司「大王と井水の祭儀」（『講座日本の古代信仰』第三巻、学生社、一九八〇）
『三品彰英論文集』第三巻、平凡社、一九七一
日本古典文学大系『日本書紀』上、前出

西郷信綱『古事記注釈』第二巻、平凡社、一九七四
丸山顕徳『口承神話伝説の諸相』、勉誠出版、二〇一二
澤潟久孝『萬葉集注釋』巻第三、中央公論社、一九八三

第四章

槇佐知子『日本昔話と古代医術』、東京書籍、一九八九
フレイザー『金枝篇―呪術と宗教の研究3』、前出
鎌田久子「産婆」(『成城文芸』第四二号、一九六六)
伊藤清司『昔話伝説の源流』、第一書房、一九九一
清田圭一『幻想説話学』、平河出版社、一九九一
石上堅『日本民俗語大辞典』、桜楓社、一九八三
勝浦令子「『洗濯と女』ノート」(『月刊百科』二六一号)
イヴォンヌ・ヴェルディエ『女のフィジオロジー』、新評論、一九八五
文化庁編『日本民俗地図』V、国土地理協会、一九七七
恩賜財団母子愛育会『日本産育習俗資料集成』、前出
折口信夫「皇子誕生の物語」(『折口信夫全集』第二〇巻、中央公論社、一九七五)
折口信夫「貴種誕生と産湯の信仰と」(『折口信夫全集』第二巻、中央公論社、一九七五)
折口信夫「水の女」(『折口信夫全集』第二巻、中央公論社、一九七五)
五来重『山の宗教』、角川書店、一九九一

『古語拾遺』、岩波文庫、一九八五
斎藤研一『子供の中世史』、吉川弘文館、二〇〇三
日本古典文学全集『古事記・上代歌謡』、小学館、一九七三
『諸國風俗問状答』（『日本庶民生活資料集成』第九巻、三一書房、一九六九）
直江広治「農民の子」（日本の子どもの歴史3『武士の子・庶民の子』上、第一法規出版、一九七七）
牧田茂「人生の歴史」（『日本の民俗』第五巻、河出書房新社、一九六五）
柳田国男編『産育習俗語彙』（『子育ての書』3、平凡社、一九七六）
エーリッヒ・ノイマン『グレート・マザー』、前出
オットー・ランク『英雄誕生の神話』、人文書院、一九八六
白川静『字訓』、平凡社、一九八七
『日本昔話大成』三、前出
岡田精司『京の社』、塙書房、二〇〇〇
大藤ゆき『児やらい』、前出
筑紫中真『アマテラスの誕生』、講談社学術文庫、二〇〇二
本田和子『少女浮遊』、青土社、一九八六
『桃太郎昔語』（『江戸の子どもの本─赤本と寺小屋の世界』、笠間書院、二〇〇六）
J・E・ハリソン『古代芸術と祭式』、筑摩書房、一九六四
武田明『日本人の死霊観』、三一書房、一九八七

第五章
エーリッヒ・ノイマン『グレート・マザー』、前出
幸田露伴『音幻論』(『露伴全集』第四一巻、岩波書店、一九五八)
金井典美『湿原祭祀』、法政大学出版局、一九七七
中西進『谷蟆考』、小沢書店、一九八二
マリア・ギンブタス『古ヨーロッパの神々』、言叢社、一九八九
フロイト「幼児期の性理論」(『フロイト著作集』第五巻、人文書院、一九六九)
オットー・ランク『英雄誕生の神話』、前出
エリアーデ『豊穣と再生』、せりか書房、一九八五
オウィディウス『変身物語』、前出
K・ケレーニイ、C・G・ユング『神話学入門』、晶文社、一九七五
ケネス・クラーク『レンブラントとイタリア・ルネサンス』、法政大学出版局、一九九二
『土居光知著作集』第二巻、岩波書店、一九七七
『三品彰英論文集』第二巻、平凡社、一九七一
エドワード・E・シェーファー『神女』、東海大学出版会、一九七八
M・ポングラチュ、I・ザントナー『夢の王国』、河出書房新社、一九八七
李均洋『雷神・龍神思想と信仰』、明石書店、二〇〇一
松前健『日本神話と古代生活』、有精堂、一九七〇
小島瓔禮編著『蛇の宇宙誌』、東京美術、一九九一

フレイザー『金枝篇』一、前出
バーバラ・ウォーカー『神話・伝承事典』、前出
谷川健一『蛇』、冨山房インターナショナル、二〇一二
『海道記全釈』、笠間書院、一九九〇
大林太良『神話の系譜』、講談社学術文庫、一九九一
エリアーデ『大地・農耕・女性』、前出
C・G・ユング『結合の神秘』Ⅱ、人文書院、二〇〇〇
C・G・ユング『心理学と錬金術』Ⅰ、人文書院、一九七六
寒川恒夫『相撲の宇宙』、平凡社、一九九三

第六章

日本古典文学全集『古事記・上代歌謡』、前出
吉野裕子『蛇』、法政大学出版局、一九七九
C・G・ユング『変容の象徴』下、前出
オットー・ランク『英雄誕生の神話』、前出
井本英一『神話と民俗のかたち』、前出
フロイト「夢の作業」(『フロイト著作集』第二巻、人文書院、一九六八)
エレミーレ・ゾラ『元型の空間』、前出
西郷信綱『古事記注釈』第三巻、平凡社、一九八八

池田末則『地名伝承論』、名著出版、一九九〇
池田源太「大神神社の鎮座」（『大神神社史』、大神神社社務所、一九七五）
折口信夫「小栗外伝」（『折口信夫全集』第二巻、中央公論社、一九七五）
中西進『古代日本人・心の宇宙』、日本放送出版協会、二〇〇一
新日本古典文学大系『江談抄・中外抄・富家語』、岩波書店、一九九七
『吉村貞司著作集』第八巻、泰流社、一九八〇
クラリッサ・P・エステス『狼と駆ける女たち』、新潮社、一九九八
C・G・ユング『元型論』、前出
恩賜財団母子愛育会『日本産育習俗資料集成』、前出
高取正男『神道の成立』、平凡社、一九七九
谷川健一『常世論』、平凡社、一九八三
フレイザー『金枝篇―呪術と宗教の研究3』、前出
松居友『沖縄の宇宙像』、洋泉社、一九九九
C・G・ユング『分析心理学』、みすず書房、一九七六
中木康夫『騎士と妖精』、音楽之友社、一九八四
辰巳和弘『古墳の思想』、白水社、二〇〇二
アンヌ・ドゥクロス『水の世界』、TOTO出版、一九九四
エリアーデ『イメージとシンボル』、せりか書房、一九七四
井本英一『習俗の始原をたずねて』、法政大学出版局、一九九二

『日本方言大辞典』下巻、前出
世界神話伝説大系二二『メラネシア・ミクロネシアの神話伝説』、前出
マリノフスキー『未開人の性生活』、新泉社、一九七一

著者紹介

狩野敏次（かのう　としつぐ）

<著者略歴>

1947 年、東京に生まれる。芝浦工業大学工学部建築工学科卒業、法政大学大学院工学研究科修了。以後、栗田勇氏に師事。専攻は文化史、建築史。特に具体的なモノ・場所・空間が喚起するイメージを手がかりに、日本人の他界観を考察している。

日本生活文化史学会、日本民俗建築学会、各会員。

<主要著書>

『かまど』（法政大学出版局、2004）、『昔話にみる山の霊力』（雄山閣、2007）、『日本の生活環境文化大事典』（共編著、柏書房、2010）、『闇のコスモロジー—魂と肉体と死生観—』（雄山閣、2011）など。

2014年 4 月10日　初版発行　　《検印省略》

◇生活文化史選書◇

木《き》と水《みず》のいきものがたり—語《かた》り継《つ》がれる生命《せいめい》の神秘《しんぴ》—

著　者　狩野敏次

発行者　宮田哲男

発行所　株式会社 雄山閣

〒 102-0071　東京都千代田区富士見 2-6-9

TEL　03-3262-3231 / FAX　03-3262-6938

URL　http://www.yuzankaku.co.jp

e-mail　info@yuzankaku.co.jp

振　替：00130-5-1685

印刷所　株式会社ティーケー出版印刷

製本所　協栄製本株式会社

ISBN978-4-639-02306-7 C0339

N.D.C.382　208p　21cm

＜狩野敏次著　好評既刊＞

生活文化史選書

闇のコスモロジー

魂と肉体と死生観

私たちの傍らに存在する闇は、別の世界へと通じている。
古代の人々はそう信じ、神々や異界の存在と交流するために闇と親しんだのである。――闇と人、魂と肉体の関係から現代に通じる死生観に迫る。

定価：（本体 2,600 円 + 税）
202 頁／ A5 判
ISBN：978-4-639-02173-5

昔話にみる山の霊力

なぜお爺さんは山へ柴刈りに行くのか

日本昔話、お伽噺の常套句から、私たち日本人の記憶より失われて久しい「柴刈り」と「洗濯」の真の意味について大胆な仮説を試みる。

定価：（本体 2,800 円 + 税）
210 頁／ A5 判
ISBN：978-4-639-01965-7

生活文化史選書　好評既刊　　雄山閣

香の文化史

日本における沈香需要の歴史

松原　睦 著

定価：(本体 2,800 円 + 税)

239 頁／ A5 判　ISBN：978-4-639-02212-1

誰もが愛した沈香。

古くから時の権力者に求められてきた沈香。

現代もなお、類稀なる香として人々を魅了しつづける沈香の歴史を分かりやすく紹介する。

暦入門

暦のすべて

渡邊敏夫 著

定価：(本体 2,400 円 + 税)

198 頁／ A5 判　ISBN：978-4-639-02240-4

暦によって下される日や方位の吉凶は百害あって一利なし？

われわれの生活に今なお欠かせないものである暦。その仕組みと一般的知識を分かりやすく解説した名著の復刊！

生活文化史選書　好評既刊　　雄山閣

易と日本人

その歴史と思想

服部龍太郎 著

定価：（本体 2,600 円 + 税）

175 頁／ A5 判　ISBN：978-4-639-02243-5

易は今も日本人の生活に、目に見えてあるいは見えない形で様々な影響を及ぼしている。

占いとしてだけでなくその根本の思想に着目し、易の誕生から現代までの変遷を『易経』を中心に解説をした名著の復刊！

日本食の伝統文化とは何か

明日の日本食を語るために

橋本直樹 著

定価：（本体 2,600 円 + 税）

177 頁／ A5 判　ISBN：978-4-639-02292-3

長い時間をかけて様々な国の文化を吸収し独自の伝統文化へ昇華した日本食。しかし戦後、食文化が国際化したために、伝統的な日本食と在来の食事光景は揺らいでいる。歴史を辿ることで日本食を捉え直し、かつ今後の食の在り方に論及する。

生活文化史選書　好評既刊　　雄山閣

江戸の魚食文化

川柳を通して

蟻川トモ子 著

定価（2,800 円 + 税）

248 頁／ A5 判　ISBN978-4-639-02270-1

魚介類こそが江戸っ子の重要な栄養源であり、今日まで続く多様な食文化を支えた食材であった。

江戸の庶民は何をどのようにして食べていたのか。多くの古川柳を読み解き、江戸の魚と食生活を探求した画期的な書。

鉄と人の文化史

窪田藏郎 著

定価（2,600 円 + 税）

212 頁／ A5 判　ISBN978-4-639-02239-8

鉄の利用は文明を飛躍的に推し進め、冶金技術が進歩する度に歴史に大きな影響を与えてきた。

古代から第二次世界大戦までの日本を中心に、鉄と人の関わりという大きなテーマを軸に据えて縦横に語った珠玉の一冊！

＜既刊のご案内＞

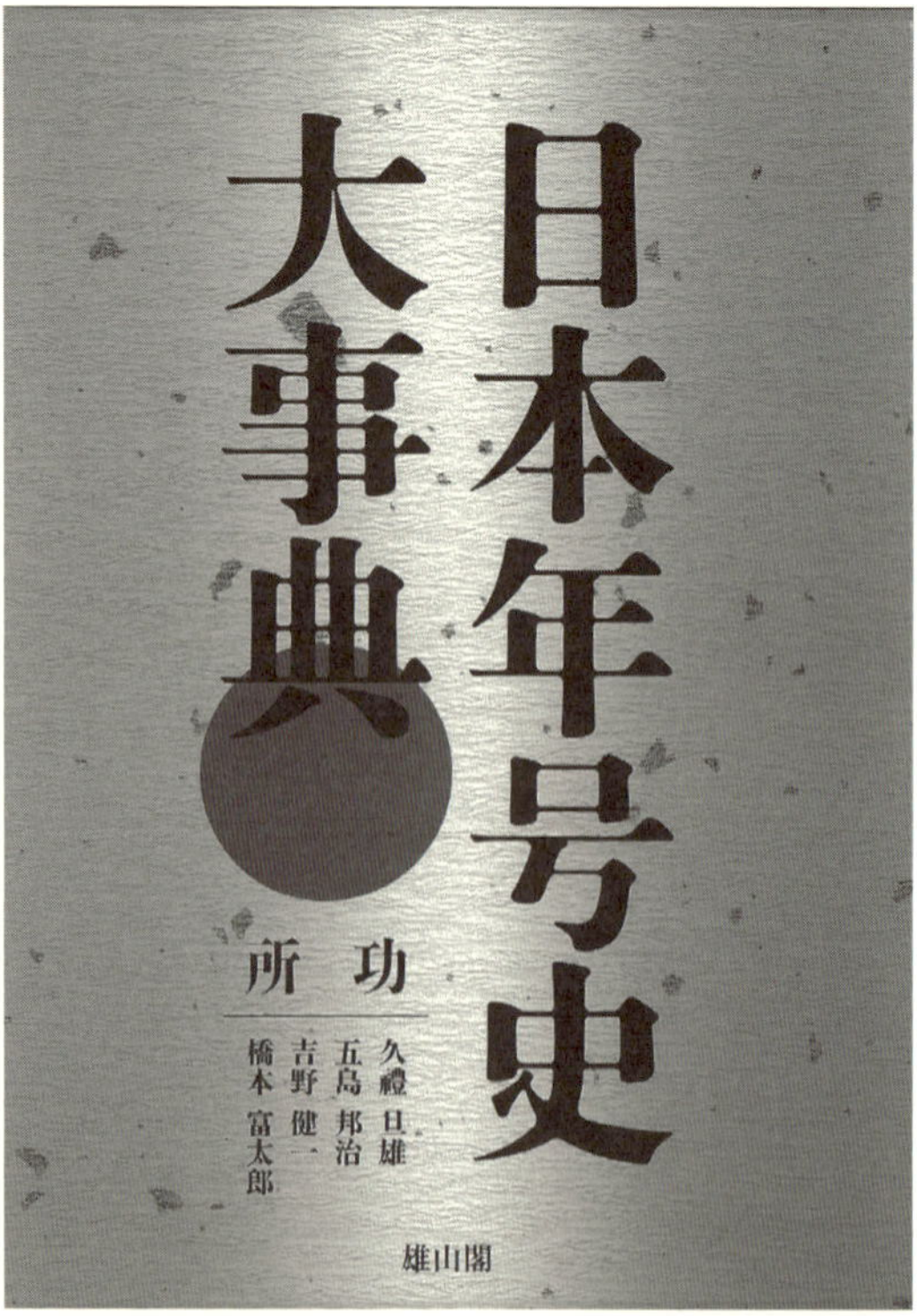

日本の歴史・文化を知る上で
不可欠の「年号」を網羅。

日本の歴史・文化を知る上で不可欠の「年号」。
「大化」から「平成」まで、そのすべてがこの１冊でわかる！
歴史ファン、古美術・伝統芸能愛好家など必携！

日本年号史大事典

所 功 代表編著

定価：(本体 10,290 円＋税)
806 頁／ A5 判上製・函入
ISBN：978-4-639-02296-1

<既刊のご案内>

享保期、富山藩の御前物書役によって著された、
古代越中の世界。

富山藩の御前物書役・野崎伝助によって享保期に著された、
越中の神代からの歴史、説話、伝承を扱った『喚起泉達録』。
その現代語訳と、国文学や日本史、
文化史の研究者による論考によって、古代越中の世界に迫る。

喚起泉達録の世界
—もう一つの越中旧事記—

浅見和彦 棚元理一 藤田富士夫 著

定価：（本体 8,400 + 税）
432 頁／ A5 判上製
ISBN：978-4-639-02301-2

＜既刊のご案内＞

古代の鎮めとまじないの定着する動き。

鎮めとまじないの考古学(上)
—古代人の心—

森 郁夫／甲斐 弓子 著

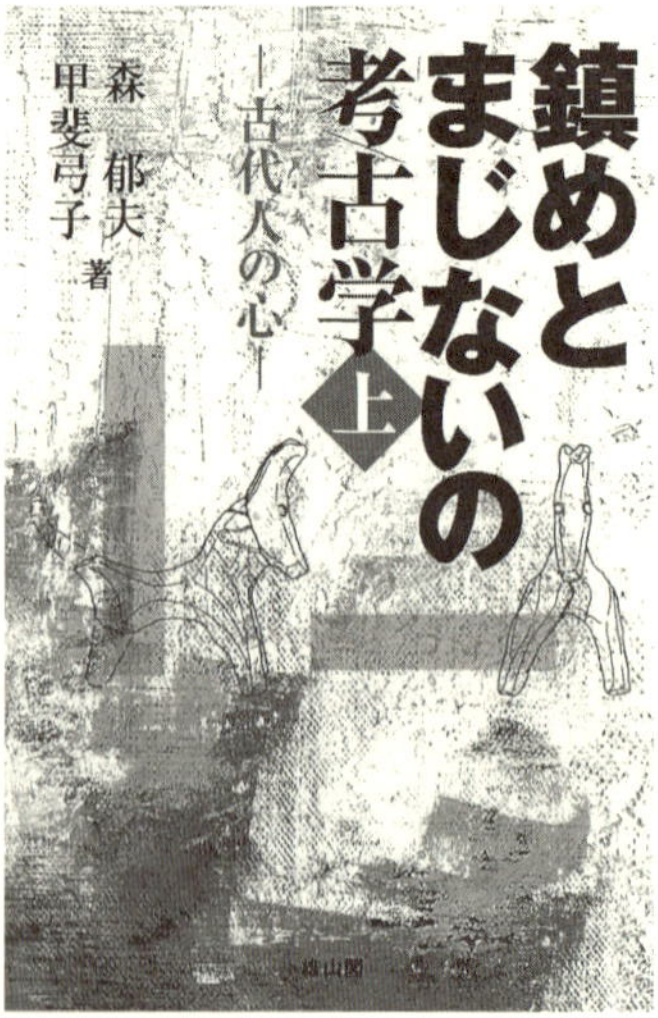

鎮めとまじないは、神道的なもの、
陰陽道的なもの、民間習俗的なものなど
多岐にわたり、それぞれ変化しながら定着していく。
考古学からみた古代の鎮めとまじないの、
その時その時の動きをみつめる。

定価：(本体 2,520 円 + 税)
204 頁／四六判並製
ISBN：978-4-639-02267-1

畏怖するものを鎮めようとする動き。

鎮めとまじないの考古学(下)
—鎮壇具からみる古代—

森 郁夫／薮中 五百樹 著

近年発見されて話題となった興福寺南大門での
地鎮具とともに出土した魚骨や、東大寺で確認された
陽剣・陰剣を含む貴重な出土品を紹介し、
古代の祭祀や鎮魂の歴史にせまる。

定価：(本体 2,520 円 + 税)
203 頁／四六判並製
ISBN：978-4-639-02268-8